裁判員制度がやってくる

あなたが有罪、無罪を決める

GENJINブックレット 36

みなさんへ

「裁判員制度（さいばんいんせいど）がやってくる？？　それってなに？」

きっと多くの方にとって、「裁判員」というのは、耳慣れない言葉だと思います。これは、「陪審制度や参審制度を参考にして市民参加の裁判を実現しよう」ということで、戦後初めて導入される制度です。市民が判決を決める陪審制度は外国の映画や小説に出てきますが、日本にも市民が裁判に参加する制度ができることになったのです。

「裁判員制度」は一般の市民がアトランダムに選ばれて「裁判員」になり、裁判官と対等に話し合って刑事裁判の有罪・無罪や刑を決める制度です。2001年６月12日、内閣の「司法制度改革審議会」で、この制度を日本に導入することが提案され、現在そのための立法作業が進められています。

2004年には「裁判員制度」の法律ができる予定です。近い将来、あなたも「裁判員」に選ばれることになります。

せっかく市民が裁判に参加するのだから、「借りてきた猫」のようではつまらない。市民が参加しやすく意見を言いやすい制度、そして市民の良識が裁判に反映される制度にしたいものです。主権者であり、これから裁判員になる私たち市民が、これからつくられる裁判員制度を考えていこう、というのがこの本です。ひと足早く裁判員を体験し、一緒に市民参加のあり方を考えてみませんか？

裁判員、わたしにもできるかしら

不安と期待の裁判員制度

裁判員制度——この耳慣れない言葉を今年の正月の新聞ではじめて知った方もいるでしょう。対談のお二人もつい最近なって知ったばかり。裁判員制度について何を知っているのか。不安と期待が交差する。

TAKESHITA keiko × TAKANO hajime

竹下景子

竹下　景子（たけした　けいこ）

女優。名古屋市生まれ。東京女子大学文理学部社会学科卒業。1973年NHK「波の塔」でデビュー。「大河ドラマ」など多数のテレビドラマに出演。映画「男はつらいよ」の32作・38作・41作でマドンナ役をつとめる。1993年出演の「学校」で第17回日本アカデミー賞優秀助演女優賞、「学校」「望郷」で第6回日刊スポーツ映画大賞助演女優賞を受賞。1999年出演の「夫の宿題」でアジアTV祭主演女優賞を受賞。1984年写真家関口照生氏と結婚。2児の母。著書として『ハロープラスワン』『ファミリーへウエルカム』がある。出演作品は、テレビでは「報道熱血スペシャル白衣の天使！密着24時」「お江戸でござる」「角筈にて」「夫の宿題」「一絃の琴」「太陽は沈まない」など、舞台では「カナリア——西條八十物語」「忍ばずの女」「浅草・花岡写真館」「樋口一葉」などがある。

高野孟

高野　孟（たかの　はじめ）

ジャーナリスト。1944年東京生まれ。68年早稲田大学文学部西洋哲学科を卒業後、通信社、広告会社勤務を経て、75年からフリーランス・ジャーナリストに。同時に月２回刊の会員制ニュースレター『インサイダー』の創刊に参加。80年に（株）インサイダーを設立し、代表取締役兼編集長となる。

94年に、日本ではじめての完全にインディペンデントなインターネット上のオンライン週刊誌『東京万華鏡（Tokyo Kaleido Scoop）』の発信を開始。95年から、デジタル・マガジン『PC-VANジャーナル』や、パソコン通信Niftyserve上で配信される雑誌レビュー『マガジン・ヘッドライン』の編集・執筆に参画。以降、電子メディア／インターネット・ジャーナリズムのための実験に取り組む。

傍ら、テレビ朝日の「サンデー・プロジェクト」「朝まで生テレビ」などに出演。著書に『最新・世界地図の読み方』（講談社現代新書、99年刊）はじめ多数。

高野　今日は、お忙しいところありがとうございました。さて、竹下さんのお父さんは弁護士だそうですね。

竹下　そうなんです。

高野　裁判とかは、縁遠い世界ではなかったんですか。

竹下　中学2年生ぐらいのときに、裁判所を一度見ておきなさいという父の号令の下に、同級生何人かで地方裁判所の門をくぐった経験があるんですが、その時も親が言うことだからという感じで、それ以降は1回も行ってないですね（笑）。だから、どのくらい自分が無関心だったかということですよね。うちのような家庭でもそうなんだから、家族や親類に法曹関係者がいない普通の家庭はどうなんだろうと思いましたね。

裁判員制度は、いつからできるの

高野　裁判員制度ができることになったのはご存じでしたか。

竹下　いいえ。これは言い訳ですが、昨年舞台を3作やっていて、ほとんど半年以上新聞を読まない生活で（笑）、「えっ、いつの間に」というのが正直なところです。でも、これはいいことなんですよね、私たち市民にとっては。

高野　私も実はあんまり知っていたわけではなくて、新聞にちらちら出るようになって、「これは何なんだろう、裁判員って」という感じだったんです。しかし、少し読んでみると、裁判を国民に近づけるという意味でなかなかいい制度だ、あまりわからないながら賛成にまわっているという感じなんです（笑）。

竹下　今日は、私もそのわからないところを少しでも減らしたいと思ってここにいるわけですが、その裁判員という名称が耳慣れないですね。

高野　そうですね。裁判員という何か新しい公務員か何かができるのかと、一番最初思ったんです（笑）。

よく読んだら違うんです。われわれのような一般の国民が突然指名されて裁判員にさせられるということなんですね。まだ、制度の中身がきちんと固まらないらしいですが、裁判員に選ばれた一般市民が裁判官と一緒になって、この人は有罪か無罪かを議論する仕組みなんだそうです。これはすごいことだなと思った。

いつ呼出しがくるかわからない

竹下　いつお呼出しを受けるかわからないわけですね。

高野　そうです。裁判員を選ぶもとになるのが選挙人名簿で、そこからアトランダムに選ばれるのです。

竹下　20歳以上の人は全員ですか。新成人もいきなり裁判員になる可能性はあるということですね。

高野　学生だってあるわけですね。特別な事情がない限りそれを断れない。

何か新しい公務員ができたと最初に思ったんです

どうですか、竹下さん。舞台で1カ月間とか公演をやっている最中に呼出状が来たとしたら、どうしますか。

竹下　最中に来られてもちょっと困りますね（笑）。舞台に穴を開けるわけにはいかないので、選挙のはがきは投票日の1週間ぐらい前に来るんでしたか、それよりももう少し余裕をもって声をかけていただかないと、つらいですね。

高野 私の仕事のサイクルでいうと、だいたい3カ月ぐらい前に講演の予定が入ってくるし、海外取材も長い場合には半年前に決まっていたりします。向こうでインタビューする人のアポを取っていくわけですから、崩せないですよね。だから、相当難しいなという感じがします。

でも例えば子育てであるとか介護の老人がいて手が離せないとか、そういう事情の場合は考慮の余地はあるそうです。

竹下　それぐらいはしていただかないと、参加しにくいですね。

参加しやすい工夫を

高野　仕事を持っている人がどこまで裁判員制度に応じられるのか問題があります。アメリカなどでは、企業の場合には陪審員に選ばれたらその間きちんと賃金を保障する、何日も来ないからといってクビにすることは許されないことになっているようです。日本でもたぶんそういうことになるのでしょうね。それで会社の人は一定の保障があって、有給休暇を取るみたいな感じでやれるのでしょうが、あなたも私も自由業ですから、これは結構困りますね。誰からも保障も何もない。

竹下　選挙の場合は日曜日ですから割合行きやすいんですけれども、日曜日に裁判ということはむずかしいのかしら。

高野　そうそう、裁判を開く日にちとか時間という問題もありますね。

竹下　議会もそうでしょうが、少しでも多くの人が参加するためには裁判をする時間をぜひ考慮していただきたいですね。

高野　今、地方議会ではそういう問題が起きているんです。本当に仕事を持っている人は議員がつとまらない。政治は最高のボランティアと言われる

わけですから、ビジネスマン、絵描き、女優さんなどが、4年間だけだったらやろう、地域の社会に貢献しようといってやるのが本来です。

竹下　はい。時間の工夫があれば私だってできるかも知れませんね。

高野　アメリカでは議会は夕方からという町もあるらしいのです。

竹下　ぜひそうしてほしいですね。

高野　裁判員制度でも、国民の都合に合わせて日曜日とか時間帯もできるだけ配慮することも、参加しやすい制度の一つのポイントでしょうね。

竹下　出られない理由、例えば子育て中であるとか、介護に追われてて、という事情をくんでいただきたいですね。託児施設があれば解決するということもあると思うので。ところで、裁判そのものが長引いてしまうと、たいへんな負担になりますね。だから裁判自体も変わっていってもらいたいですね。

高野　オウム真理教の裁判は何年やっていますか。もう8年ですか。あれは特殊な例でしょうけれどもね。アメリカでも、実際には実質何日かで、ほとんどの事件は済んでいるんだそうです。

竹下　議論は十分尽さなければいけないのでしょうが、でももっと早くする工夫はしていただきたいですね。

高野　司法制度改革の中で、裁判をもっと早くやろうということで、そういうことを含めていろいろな手立てがあって、今年法案が出るようになっています。そういうことがないと、市民が参加しやすくならないということになりますね。

竹下　そうですね。もちろん被告人の権利を十分くんでですが、裁判そのものが早く決着するのであれば、あまり負担感もなく参加できるかなと思います。それに裁判員はボランティアなんですけれども、ボランティアであってもそれなりの対価も必要です。

高野　交通費は出るんでしょう。アメリカでは州によって高いところも

あるし安いところもありますが、1日5000円ぐらいの日当がでるそうです。

竹下　1万円だと違ってくるでしょうね。

高野　お弁当はどうなのかな。出してもらいたいですよね。ここは国にがんばってもらわないといけないですね。ダムなんかをつくっているより、こういうほうに使った方がいいですよ。

どんな人が裁判員になるの

高野　アトランダムに選ばれるとして、一体どんな人が裁判員になるかも興味あるところですね。そして、裁判員が何か偏ってしまうことはどうでしょうかね。

竹下　偏りを避けるための工夫はあるんでしょうね。

高野　アメリカの陪審制度でやっているように、陪審員選定手続でたくさん候補者を呼び出して、そこから偏見のある人を落すことになるのでしょう。難しいところですが、できるだけいろいろな分野から偏見のない人が、参加できるようにするのがいいですね。

竹下　裁判官というイメージでいうと、どうしても男性の職業という先入観が私の中にもあるなと思います。ですから、女性の比率も考えなくてはいけないし、適性というのをどこで判断するかむずかしいところでしょうが、ぜひ公平に割り振ってほしいですよね。

裁判員の人数は

高野　裁判員と裁判官の人数も大きな問題ですね。制度を運用する側にすれば、あまりたくさんでは面倒だということもあるでしょうから、できるだけ少数にしたい。裁判官にしてもそうかもしれないですね。いろいろなやつがいてわーわー言われても困ってしまうから。しかし、さっきも出たようにいろいろな分野の人が入って、議論が偏らないようにするには、まず一定の人数があったほうがいいでしょうね。

公演の最中に呼び出されても……つらいですね

あまり増えたら十分な議論ができなくなりますから、この兼ね合いの問題でしょうかね。

竹下　そうですね、あまり大所帯にならない範囲で、しかも裁判官と裁判員の割合で言ったら裁判員のほうが多くないといけないですね。裁判員は法律に素人なわけですから。

高野　それはそうですよね。重大事件だと今は3人の裁判官の合議制ですから、裁判官が3人いてこっちが2人(笑)。あなたと私がいて、専門家である裁判官が3人いたら、これは完璧に萎縮してしまうでしょう。

竹下　サッカーで言えば、中田英寿と中村俊輔がいて、あとジュニアの子どもたちっていう状況で、チームを組めと言われても、ちょっとできませんよね。

高野　裁判員が裁判官の何倍かいるというのがいいんでしょうね。

どんな事件をするの

竹下　そうそう、裁判員制度でする裁判は重大事件に限るんですね。

高野　今のところそういうことになっていますね。細かい事件まで全部やっていたら、国民の負担も大変だということでしょう。

竹下　優先順位として重大事件からということですね。

高野　アメリカの陪審裁判の場合には、刑事事件だけではなくて民事事件も、国が相手となる裁判も入ります。いろいろなタイプの裁判にかかわるようですが、日本の裁判員制度は、今のところ刑事の重大事件をまずやろうということのようです。

竹下　となると、引き受ける側も「オオ、これはちょっと大変だゾッ」ということになりますね。

高野　実際、自分が殺人事件か何かで呼び出されたと想定すると。

竹下　どういう心構えで臨んだらいいんでしょうね。

高野　例えば、凶悪な事件は、有罪なら死刑だという話になっていく。私は死刑反対を長年言い続けていますが、量刑を決めるとき悩みますね。

竹下　私も今の死刑制度は十分ではないと思います。

高野　それでも合議をしてみんなが「もう死刑に決まっているよ、こん

ひょっとしたら、日本社会が大きく変化するきっかけに

なものは」といわれて、反対は私一人になった場合に、どうするのか。

死刑事件もする

高野　率直に言って、裁判員が死刑の判決を出さざるを得ないことがあるじゃないですか。

竹下　そこまでの責任を伴うのかと考えると、怖いですよね。でも、私がやらなくてだれかがやればいいのかと考えたら、これはだれかが負わなくてはいけない責任ですよね。だったら知らんふりはできないだろうと思います。私は死刑は言い渡したくないですね。ただ、ではそれに代りうる十分な罪の償いがあるかと言われると、また困ってしまいます。

高野　それを判断するためには、情報がちゃんとほしいですね。目の前にいるのは本当に悪いやつなんですよと被害者は訴えるわけですよ。自分たちには被告人を首を絞めて殺す権限も与えられた。普通なら、正義の味方をやりたいわけです。でも、感情的な判断で死刑を言い渡すことは避けたいですよね。それをどう防ぐかは非常に大事な問題だと思います。満場一致制とすれば、死刑の乱発を防ぐということになりますね。これも一つの工夫ですね。

竹下　そうですね。そのための話し合いは十分にしたいと思いますね。

高野　裁判官や弁護士など法曹界のお仲間内では、量刑の相場というのがあるわけです。ところが、素人は簡単にそれを踏み越えていくから、全体としては、刑が重くなる可能性が結構強いですね。死刑廃止という気運が高まるということと並行しないと、かえって変なことになってしまいますね。

　同時に、今まで悪いやつは死刑で当たり前だと思っていた人でも、例えば裁判の中で微妙なところを認識する機会になるかもしれませんね。そうすると逆に、死刑廃止という意見が市民の中で広がっていくきっかけにもなるかも知れませんね。

事件報道のあり方

竹下　裁判員がメディアの事件報道に影響を受けることも考えられませんか。今のニュースのあり方を見てい

ると、だいたい一色ですよね。そのことが心配です。

高野　そうですね。

竹下　だから、個人の感情を持ち込まずに、そして、生活にいやおうなく入りこんでくる情報に流されないで自分の意見を持って臨むというのは、結構大変かもしれませんね。

高野　これは大変ですよね。テレビの事件報道なんていうのは特に、全部横並び、全部同じ角度から一斉に来ますからね。

竹下　ワイドショーレベルになると感情的なコメントなども入って来ますね。そういうことに惑わされないためにも、裁判員がある程度の人数であることはきっと必要になるでしょうね。

高野　裁判員のプライバシーをどう守るかも大問題です。また、裁判員の安全の配慮のために裁判員の氏素性を明かさないほうがいいじゃないかという意見もあります。例えば非常にセンセーショナルな事件だった場合に、裁判員になったら大変でしょう。竹下さんがある殺人事件の裁判員だというと、それはもう追いかけ回されるでしょうね。

竹下　わぁ、大変。

高野　お役所で考えているのは、議論の秘密は守ってほしい。だから取材が来たら断ってほしいということです。

竹下　秘密にしてほしいというのは、何を話し合ったかという内容のことですか。

高野　議論は公開にならないと思います。結論しか明らかにしないわけです。しかし、裁判の後何をしゃべってもいいですよとすれば、そこにマスコミが必ず来ますよね。

竹下　そうすると、裁判員は議論した内容を、外でしゃべってはいけないことになるんでしょうか。

高野　そう思いますね。その前に、裁判員の名前を出すか出さないかという問題がありますね。名前を出すことは、責任感にもつながるような気がし

ます。それとのバランスをどうとるか。むずかしい問題ですよ。極端なテロへの対策は絶対にしなければいけないと思いますが、「通常の殺人事件だったらやっぱり、身の危険は守るので、名前は出した上で責任をもって裁判をしてください」とお願いする方がよいのではないかな。

竹下　そのほうが、気持ちの上ではしっくりくるような気がします。判決も書くんですね。となると判決文に名前が載るわけですね。

高野　それが重いよね。身の危険だけの理由で名前を隠すのだったら、裁判員制度は成り立たないんじゃないかという感じがしますね。

竹下　そういうことを考え始めると、ちょっと怖いですよね。自分は安全でも家族はどうなんだろうとか、どんどん際限なく心配が募ってしまいますから、安全だけは確保できるような制度に是非してほしいです。

高野　そこは大事なポイントですね。どうしたらそれが保障できるのか。

竹下　そうですね、保障していただきたいですね。

高野　みんながこの制度に慣れていない状況で何年間もずっと続いていくわけですね。そうすると、どういう議論をするものなのかということがオープンになることで、ある意味で教育になりますね。それだったらおれも行ってみたいとか、その逆のケースで、こんな議論をするのならおれはとても無理だという場合もあるかもしれないけれども、こういうことをやるものなんだということを知らしめないと。

竹下　それを知りたいという気持ちもありますね。

高野　そういうのを見れば私たちも、どういう具合に議論をできて、議論に落とし穴があったら、どういうやり方に問題があるかということがわかりますからね。一番心配するのは、裁判官と一緒にやるわけですから、裁判官がかなり強引に誘導してしまって、裁判員の人はみんなただ黙っていただ

市民の権利だから参加すると思うと、苦にならない

けでも、いちおう国民の代表も入って決めたということになってしまう。それでいいのかということです。

疑問がつぎつぎ出てきますが、実際にはやってみないとわからない。

裁判官と一緒に議論

竹下　何ができるかということになると、ちょっと気持ちが引き戻されるところもありますね。まして、死刑になるかならないかというところまで踏み込んでできるとなると。

高野　アメリカの場合には、有罪か無罪か陪審員だけで決めてしまい、量刑は裁判官に任せてしまいますが、日本の裁判員制度は、裁判官が入って、裁判員と一緒になって量刑も含めて議論する。

竹下　平場で裁判官と一緒に話ができるんですか。

高野　裁判官だけ一段高いところに座っていたりしてね。そうするとやりにくいですね（笑）。

竹下　それでは意味がないですよね。せっかく市民が参加するわけですから。

高野　しかも、ある専門分野にたけている人はいるかもしれないけれども、市民はみんな法律には素人なわけだから。けれども、法律に関してはプロは裁判官だけだから、そうすると裁判官の意識も問題ですね。みんなの話を上手に引き出して、自分の考えをみんなの意見を取り入れながらまとめていくコーディネートするという気持ちでやっていただきたいですね。

竹下　そういうセンスがないと、裁判官としてはこれからはむずかしくなるのではないでしょうか。

高野　日本人はお上という意識が強いではないですか。裁判なんていったら、大岡越前守みたいな偉い方が人情の機微まで心得て見事に裁いていただける。「ははーっ」みたいなセンスというのがあって、明治以来100年間そうだったと思うんです。

竹下　もの申してはいけないという、何か風潮があるんですね。

高野　裁判官にもそういう発想があって、何か国民を見下ろして、おれが全部決めるんだ、お前ら黙って聞けという感じがあったかもしれないし、聞くほうもそういうものだと思ってし

まっている。「ははーっ」とひれ伏していた今までの構図が、ひょっとしたらここで大きく変わるということなんですね。

竹下　変わるためには、年齢とか経験とか職業とか、幅広い人たちの意見を取り入れることがきっと必要になっていくんでしょうね。

裁判の透明化

高野　ところで、竹下さんは、刑事裁判を見たことありますか。

竹下　先ほどいったように１度しかいっていません。テレビドラマで法廷場面をみたことがあるくらいです。ですから、実際の刑事裁判についてほとんど知りませんね。

高野　日本の刑事裁判では、捜査官が狭い部屋で、これはどうなんだといって被疑者を追及して、捜査官が調書を作って、その書類が証拠として出されます。それを裁判官が部屋に持ち帰って読んで結論を出す。そういう仕組みであるがゆえに、ときどきでっち上げとか冤罪とかが起こったりもします。その調書を裁判員に読めといっても、時間はかかるし読めませんね。ですから、裁判員制度では、そうした調書は使えなくなります。裁判員の前で実際に被告人がちゃんとしゃべる、証人もしゃべる、そこで得る情報というのはすごく多いじゃないですか。

竹下　それに、わかりやすい話で進めてほしいですね。専門用語ばかりになったらわからない。

高野　日本語で裁判をやってもらいたい（笑）。

竹下　本当にそう思います。

高野　今までの裁判官の発想では、この制度は成功しない。こういうことを受け入れるというのが、裁判官にとって一番つらいんだろうね、きっと。今まで好きなようにやっていたから。

竹下　「12人の怒れる男」の中で、陪審員役のせりふの中に、証言が整い過ぎていて不自然だ、そこに疑問があるというくだりがあります。そのへんにどこまで食い下がっていけるか。刑事裁判には冤罪の可能性というものがどうしてもつきまとう以上、書かれたものがあまりにも出来過ぎていて危険があるのであれば、目の前の証言をきちんと把握して、評議していくという姿勢を大事にしたいですよね。

高野　私らは職業柄、取材で人に会って、「はあ、はあ」と話を聞きながら、この人は嘘をついているなといちおう見分けるんですよ（笑）。

竹下　顔を見た段階でかなりの判別がお出来になるんじゃないですか。

高野　電話だけで話を聞いたというのと、顔を見て話を聞くのでは全然違いますよ。百倍ぐらい情報量は違います。

竹下　そのリアリティはありますね。

宝くじにあたったと思う

竹下　裁判員は義務と思うとちょっとプレッシャーを感じますが、市民としてこれは権利だから参加してもいいんだぞと思うと、なかなかいい制度になるのではないかと思います。宝くじに当たったわけじゃないですけれど(笑)、今度行ってもいいんだ、行くんだぞ行くんだぞって思えるといいですね。

高野　義務だけと考えないで、権利として行くんだと考える。それはいいですね。

竹下　しかも、何歳まで自分の寿命があるかわかりませんけれども、一生に何回経験できるかわからないわけで、参加する以上はきちんと自分の役目を果たしたいなと思うわけです。先ほども言いましたが、ぜひそういうふうに受け止めたい。私がそう感じるのは一つは「12人の怒れる男」を見たときに、話し合うというのは何と素晴らしいことなんだろうと実感したからなんです。

高野　あの真剣なやりとりですね。

竹下　事実は一つしかないのに真

実はどこにあるんだろうということでどんどん引き込まれていく。一方では、それぐらい裁判の持っている、危ない部分もあるわけですね。それを支えているのが陪審員の人たちなわけです。お互いにとことん話し合うことで一つひとつ真実を獲得していくんですね。

高野　そうなんですね。

自分たちのことは自分たちで決める

竹下　以前、ＮＨＫのドキュメンタリー番組で、アメリカのある州で犯罪を犯した子どもたちが、今度は別の少年犯罪の裁判に陪審員の立場で参加するというのを見たことがあります。ティーン・コートというんですね。あれは本当の裁判ですか。模擬裁判ですか。

高野　模擬裁判ではなくて、正式な裁判ですね。

竹下　私はそれを見ていて、たまたま不幸なことに自分が犯罪を犯してしまった罪の償いとして裁判に参加するわけですけれども、そういうかたちででも子どもの時代に社会参加の一つとして裁判にかかわってほしいと感じました。これから日本でもぜひ実現してほしいなと思います。教育のあり方が問われているんだと思います。裁判にかかわらなかったら、それで自分はラッキーよというのではなくて、自分たちの責任でもある。さっきも言いましたけれども市民の立場で司法を考えていくには、教育はすごく大事だと思います。

高野 日本の教育は今まで、何か知識を詰め込むということに急で、どうやったら立派な社会人を育てていけるのかという発想に欠けています。ただ知識だけではなくて、もっともっとやることがいっぱいあるはずですよ。例えば政治教育というのもその一つだと思います。アメリカなどそこが偉いなと思うのは、今年は大統領選挙の年だというと、どこの高校でも生徒が共和党と民主党に分れて、模擬大統領選をやるわけです。ちゃんと政策発表をして、応援団がいてブレーンがいたり、宣伝担当がいて看板なんかをうまく描いたりポスターを作ったりする。

竹下 それも授業の一環ですか。

高野 教育なんです。日本はようやく成熟社会に入ってきた。そういう背景もあって司法制度を整備しようということになってきているんだと思いますから、これからです。そうすると、単なる知識ではない、社会人として当然持つべきいろいろなこと、議論するマナーであるとか能力であるとかも必要でしょう。政治を自分の問題として考えて、立候補して演説までやってみるというのもすごくいい体験だと思います。その意味で、司法についても、人が人を裁くというのはどういうことなのか、そこに潜んでいる恐ろしさみたいなことを子どものうちから垣間見ることが、すごく大事なことですね。

ティーン・コートでは、この人たちが決めたことだから彼は守ろうとする。刑を科すといっても、難しいことをやるのではなくて、掃除をするとか公共奉仕をさせることをやらせるわけです。それでお互いに、その子たちのためになるわけです。これは市民社会らしい問題解決の方法ですよね。そういう発想ってすごくいいことだと思いますが、なかなか日本ではなじみが少ない。

竹下 裁くほうも裁かれるほうも、日本だとお互いが隔離されてしまうというか、接点があまりにもなさ過ぎますね。被害者になった人たちの立場を考えてもそうです。どういうかたちで裁かれていくかということが全然わからない。

高野 この制度は、裁判の透明化というか、裁判のプロセスそのものをもっとみんなに見えるようにするという一つの手段でもあるわけです。

竹下 そういう意味でのカンフル剤というか、風穴をぜひ開けてほしいですね。いつになったら決まるんでしょうか（笑）。

いまからでも遅くない、発言をしよう

高野　今年の夏ぐらいまでに大枠が固まって、さらに年内に細部まで詰めていって、来年法律にしようという段取りらしいですね。

竹下　もう佳境を過ぎて大詰めの段階といってもいいんでしょうか。

高野　そうなんですね。だけど、その割にはわれわれもついこの間知ったばかりでね。

竹下　そうですよね（笑）。

高野　それでこれは、そういう制度ができるんですか、ああそうですかで済む話ではなくて……。

竹下　自分たちのことなんです。力が入って、いま手をテーブルにぶつけてしまいましたけれども（笑）。

高野　自分にも裁判員になって裁判に参加できるチャンスが訪れるということなんです。今でも少しは意見を受け付けているようですが、もっとちゃんと国民に知らしめて、あなたたちはこういうことになるんですよということを自覚していただく。それだったらこうしてもらわないと困るよというような、今日ちょっと出たような話をもっといろいろな人から集めて、細部を詰めていってもらわないと困ってしまいますね。こういう制度でどうでしょうかという段階で、日本では国民投票の制度はないんですが、皆さんの意見を問うとか、すべきでしょう。

竹下　今からでもどんどん意見は言っていいわけですね。

高野　そうです。まだ決まってしまっているわけではないですからね。

竹下　裁判というものはどこかの高みでやっているものというのではなくて、自分のこととしてこの裁判員制度のような問題を考えることがとても大事なことなんですね。

（了）

12のQ&A 裁判員制度

「裁判員になることを拒否できないの?
もし拒否したらどうなるの?」
「裁判なんて難しいし、
法律の知識がないのに人を裁けるの?」
「裁判員になったら会社、
学校はどうなるの?」
など、あなたの不安・疑問に答えます。

Q 1 裁判員制度って何?

Ⓐ　裁判員制度は、日本でこれからスタートする裁判への市民参加制度です。一般の市民が選挙人名簿からアトランダムに選ばれて「裁判員」となり、実際の刑事裁判に参

加して、有罪か無罪か、有罪の場合どのくらいの刑にすべきかということを、裁判官と一緒に話し合って決めるのが、この「裁判員制度」です。裁判員は、決まった任期で選ばれるのではなく、事件ごとに選ばれます。

外国映画や小説などに出てくる「陪審制度」は、市民だけで有罪か無罪かを決めるものですが、この「裁判員制度」は、裁判官と一緒に議論して有罪か無罪か、そして、有罪の場合に科すべき刑についても決める点で違います。

2004年には裁判員制度に関する法律が成立する予定です。一般の市民から選ばれるわけですから、あなたも遠からず「裁判員」になるはずです。

Q 2　裁判員に選ばれるきっかけは？

A　ある日、あなたのポストに裁判所から手紙が届きます。「裁判員になってほしいので、○月×日裁判所に来てほしい」という知らせです。

裁判所に行くと、あなたと同じく、手紙を受け取った市民が大勢来ていて、刑事事件が裁かれる法廷に案内されます。そこではまず、裁判官などから質問があり、裁判員として刑事裁判に参加する人が決まります。これを「裁判員選定手続」と言います。

「選定手続」は、公正で公平な裁判を実現するため、公正で偏見のない裁判員を選ぶ手続です。被告人や被害者の身内や知人、はじめから有罪・無罪を決めつけている人、偏見のある人は裁判員になることはできません。あなたが除外されず法廷に残されたら、あなたは「裁判員」です。

Q 3 裁判員はどんなことをするの？

Ⓐ 裁判員は、さしあたり、重大な刑事事件について裁判を担当します。

あなたが裁判員に選ばれたら、裁判官やほかの裁判員と一緒に、法廷で展開される刑事裁判の審理に立ち会います。そこでは、あなたが担当する刑事事件について、検察官と弁護人の主張や、証人の証言、被告人の話などを聞き、証拠物を確認します。「裁判員」は傍聴者ではなく、刑事事件について黒か白かを決める判断者ですから、被告人も証人もみな裁判員に語りかけ、実に多種多彩なメッセージを投げかけてきます。これをしっかり見聞きして、疑問点や自分なりの結論を考えます。

そして、裁判の審理が終わってから、別室に行き、裁判官やほかの裁判員と話し合ったうえで、まず有罪か無罪かを決めます。次に、有罪である場合に言い渡す刑を決めます。この話し合いでは、裁判官と裁判員は、まったく対等とされていますから、納得いく結論に至るまで、どんどん意見や疑問を言ってください。

意見の一致をみて、有罪・無罪、有罪の場合の刑が決まったら、これを判決として言い渡します。判決の言渡しに立ち会って、裁判員の仕事は終わります。

すてきな裁判員へ HOP STEP JUMP

裁判員制度
——呼出しから判決まで

呼出状があなたの家に！

↓

決められた日に裁判所に行き、裁判員選定手続に参加

↙ ↘

裁判員になる。

↓

公開の法廷で刑事裁判の審理をすべて聞く。
証人尋問・被告人質問、論告・弁論など

裁判員に選ばれない。

↓

帰ってよい。

↓

【結審】
（法廷での審理の終わり）

↓

【評議】
（裁判官や裁判員と一緒に
有罪・無罪や刑について話し合うこと）

↓

【評決】
（有罪・無罪、刑について決定すること）

↓

【判決の言渡し】

HOP STEP JUMP

Q 4 裁判員になることを拒否できないの？ 裁判員になったら会社や学校はどうなるの？

Ⓐ 裁判所から「裁判員候補者」として呼出しを受けた人は、原則として呼ばれた日に出頭しなければなりません。ただ、健康上の事情などやむを得ない事情のある人は、出頭する義務はありません。別の日程なら都合がつけられそうであれば、別の日程に変更してもらうこともできるでしょう。

裁判員選定手続では、候補者は、裁判員となるにはむずかしいと思われる経済的な事情や家庭の事情、健康上の事情などを言って、免除を申し出ることができます。その上で、裁判所がそれをやむを得ないと認めたときには、免除されます。しかし、単に仕事が忙しいとか、学校の授業があるというだけの事情では免除されませんので、裁判員になることを拒否できません。当然、会社や学校は、裁判員に選ばれた人が仕事や授業を休むのを認めなければなりません。休んだからといって給与や待遇の上で不利に扱うことも許されません。

学生の場合は、公休扱いになるでしょう。企業でも、育児休暇と同様の休暇制度を整備する必要が出てきます。

育児は原則として裁判員免除の理由にはなりませんが、女性が裁判員に参加しやすいように、裁判所に託児所をつくるなどの条件整備も必要になります。

Q 5 裁判員は交通費、日当を貰えるの？

A 市民が個人の時間を割いて裁判員となるのですから、交通費・日当は当然保障されることになります。どのくらいの金額になるかは、これから議論していくことですから、是非、あなたも市民の立場から希望金額を提案してみてください。

ちなみに、不起訴処分の当否をチェックする検察審査会の場合、交通費のほか1日7000円程度の日当が支払われています。

Q 6 裁判員になると一日何時間、何日間裁判所に行くことになるの？

A 今の刑事裁判で、法廷が開かれるのは午前10時から午後5時まで、昼休みと午後3時に休憩があります。裁判員制度導入後も原則として、この時間帯で法廷が開かれると思われます。もっとも、裁判員の仕事や都合によっては、時間帯をずらして、早めに始めて早めに終わる、遅めに始めて遅めに終わるなど、市民が参加しやすいように柔軟な時間設定が必要となるでしょう。

裁判が何日で終るかは、ケース・バイ・ケースです。今の日本では何年もかかる長期裁判が少なくありませんが、何年もかかる裁判に毎日参加しなければならないとすれば裁判員の負担は大きく、特別な人でない限り参加できません。裁判員が参加しやすく審理に集中できるよう、裁判がスタートする前の準備をきちんと行い、裁判は中身の濃い集中審理を連日行う改革が必要となります。ちなみに、アメリカの陪審裁判では1日ないし3日で終わるのが90%程度で、一週間以上になるのは例外のようです。

**Q 7 裁判員のプライバシーは保護されるの？
裁判員は被告人や関係者に恨まれたりしないの？**

A 具体的なことはまだ決まっていませんが、裁判員のプライバシーは、当然保護されるべきです。

裁判員の住所や氏名などの個人情報は厳重に管理され、事件関係者に知られないようにする必要があります。テレビなどで法廷の映像が流れることがありますが、裁判員がテレビに映ることは避けられます。裁判のあとでメディアから取材の申込みがあった場合、断ることはもちろん自由です。メディアの裁判員への接触のあり方についてはきちんとしたルールづくりが必要となるでしょう。

「恨まれないか」という疑問についてですが、判決は、裁判官や多数の裁判員が話し合って決めるものですから、被告人や関係者が裁判員を恨むということは、まず考えられません。判決を決める話し合いの中で裁判員がどんな発言をしたかは当然秘密とされますから、特定の裁判員に対する逆恨みや、仕返しの可能性は極めて低いでしょう。しかし、万一の場合に備えて、裁判員の安全確保のための具体的措置が検討されることになっています。

Q 8 裁判なんて難しいし、法律の知識がないのに人を裁けるの？

A 確かにいまの裁判は、使われている言葉もむずかしいし、提出されるたくさんの書類もむずかしい言葉で書かれていることが多いです。専門家でなければわかりません。

しかし、こんなことでは、裁判に参加する市民はたまったものではありませんよね。そこで、市民が参加する以上、「市民にわかりやすい言葉で裁判をする」必要があります。

専門用語をできるだけ使わず、膨大な書類を証拠とするのはやめて、公開の法廷で、証人が直接話したり当事者が主張することをよく聞いたりして判断する仕組みが必要です。

また、法律の知識は必要ありません。この制度は、とかく狭い世界にいる裁判官だけで裁判するのではなく、市民の良識を裁判に反映させよう、というものだからです。

私たちが日常生活している視点に立った素朴な疑問や、それぞれの経験に即した意見を裁判に取り入れることが大切なのです。

Q 9 裁判員はどんな服装をすべきなの？

A 裁判員には特定の服装というものはありません。裁判官はこれまで通り「法服」を着るでしょうが、裁判員は私服でよいのです。だからといってどんな服装でもよい、というわけではありませんが、常識的に普通と思われる服装であればよいのです。正装や盛装など、特に改まった服装が必要とされるわけではありません。

Q 10　いったい、何人の裁判官と何人の市民で議論するの？

Ⓐ 大事なことなのに、まだ具体的な人数構成は決まっていません。これからの立法作業の中で決まることになりますが、この人数比は、裁判員制度の性格を決定づける重要な問題です。「裁判官は3人、市民は2人でよい」という意見から「裁判官は1人、市民は12人」という意見までわかれます。（「論点」の項目を参照して下さい）。

しかし、3人の裁判官に対し市民が2人だけだったら、疑問や意見を存分に言い、納得するまで議論することができるでしょうか。裁判官のイニシアティブで決められてしまうのではないでしょうか。市民が十分に意見を言い、活発に議論を展開するには、少なくとも裁判官の3倍以上の裁判員が必要ではないでしょうか。

Q 11　裁判員の年齢、性別などによって結果が左右されないの？

Ⓐ 裁判員の年齢や性別、さらに職業や環境などが偏ってしまったら、多様な視点から事件を分析することができず、裁判員のメンバー構成によって結果が左右されるおそれもあります。そうならないために、少なくとも男女比はほぼ同等に、年齢もさまざまな年代の方が参加できるようにする必要があります。そのためにも、裁判員の人数は、

2〜3人では論外、相当規模の人数とする必要があります。

Q 12 裁判員になったら知らない人同士だし、裁判官とまともに議論できるか不安なんだけど……

Ⓐ 確かに、裁判員になる人は知らない人同士、その上、その道のプロである裁判官と議論するのは、怖いというか、なんだか不安ですよね。

しかし、あなたの一言で裁判の結果が変わることもあるのです。司法への市民参加は、民主主義を支える大切な仕事といえるでしょう。それだけ重要な役割を期待されているのですから、不安にならず、公平で公正な刑事裁判を実現するためにはどうすればよいか、真剣に取り組んでみてください。そうすれば、逆に、得られるものは大きいと思います。知らない者同士が裁判という共通の体験をきっかけとして深く理解し合い、強く結びつくこともありうるのです。

ザ・裁判員
SAIBAN-IN

**2004年には、裁判員制度に関する法律がつくられます。
ある日突然あなたが裁判員に選ばれる……
という日もそう遠いことではありません。
では裁判員に呼び出されたら一体どんなことをするのか、
何が待っているのか、一足早く体験してみましょう。**

裁判員制度は、さしあたり重大事件から導入されることになっていますが、ここでは将来的に導入されるかもしれない、もっと身近な刑事事件を題材にしてみました。

「裁判員」って何？

ある年の2月1日、横浜在住の松本氏の家に、1通の郵便が届いた。送り主はなんと「横浜地方裁判所」。同居する母親がこの封筒を見て、家中が大騒ぎになる。

裁判所からの呼出状を見て驚く松本氏

「オマエ！！何か悪いことやったのか？」

昨夜、会社の飲み会で遅くに帰宅し、部屋で熟睡していた彼は、まさに寝耳に水。

しかし、よく読んでみると、「裁判員に選ばれましたので、2月14日午前10時までに裁判所へ来てください。」と書いてある。「裁判員」って何？　2月14日といえば平日で会社のある日。会社の上司に「裁判所へ呼ばれました」なんて言いたくない。

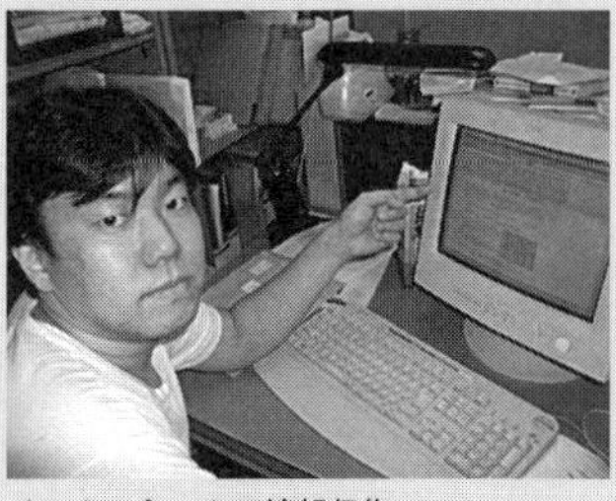

インターネットで情報収集

「陪審員」とかならテレビや映画で見たことあるけど、「裁判員」なんて初耳。インターネットで「裁判員」を調べてみると、市民団体「市民の裁判員制度つくろう会」のホームページに詳しく載っていた。要するに、選挙人名簿からアトランダムに選ばれた普通の市民が、裁判を見て、裁判官と一緒に有罪か無罪かを話し合って決めるという役割だとのこと。ここのホームページを印刷して会社の上司に見せたところ、**「まぁしょうがない。社会のために頑張ってこい！」**と意外に快諾。とはいえ、2～3日ならともかく、1年も2年も拘束されたら、さすがにクビだろうなぁ…。トホホ。

いざ！裁判所

横浜地裁

ええ？　裁判所ってこんなところなの？

実は松本氏、交通違反で警察に世話になったことはあっても、生まれてこの方、裁判所には行ったことが無かった。古びた洋館みたいな建物かと思ったら、モダンでキレイ！　こんな機会でもなければ、一生裁判所なんかに来なかっただろうなぁと思った。

裁判員といえば、裁判官の代わりみたいなもの。ふだんはユニクロのカジュアルな服装だけど、ネクタイ・スーツ着用が義務かと思い、ダイエーで買った7,000円のスーツを着て横浜地方裁判所へ行く。玄関にはたどり着いたけど、ちょっとドキドキする。

裁判所へ入るのをちゅうちょしていると、自分に届けられた書類と同じ書類を持った青年を発見した。

彼の名は篠原くん。都内の有名私大の法学部

「あなたも？」「ええ私も」

学生。実は彼も1月に呼び出しを受けていたが、1月は大学の試験期間中ということで、翌月に延ばしてもらったとのこと。事情によっては臨機応変に対応してくれるらしい。

そして、いざ横浜地裁、裁判員控え室に向かう。

オリエンテーション

裁判所内では書記官の女性が裁判員制度の説明と、今日のスケジュールを教えてくれる。

裁判員制度は裁判官と市民が話し合い、刑事事件の有罪・無罪・量刑を決めるというもので、基本的には1週間くらいで公判から判決まで終わらせるというものらしい。事件によっては1週間以上かかることもあるが、軽い事件でも3ヶ月くらいかかる今までの裁判に比べれば、はるかに迅速だという。

そして今回は窃盗事件の審理で、約30人の裁判員候補が呼ばれていて、このうち9人が裁判員として選ばれるとのこと。

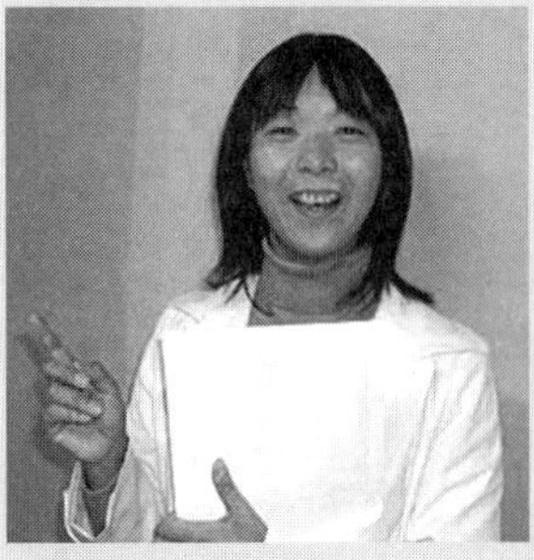

「裁判官と裁判員は対等な一票を持って有罪・無罪の判断に臨みます。この制度は市民の良識を裁判に反映させるものですから、皆さんは裁判官と対等に話し合ってください。裁判官の意見がいつも正しいとは限りませんから、どんどん皆さんの意見を言ってくださいね」

選定手続

「30人もいるのなら、なるべく選ばれないようにして、すぐにでも帰らせてもらおう。」

松本氏は勤め先の会社の立場があるので、なるべく選ばれないよう、目立た

選定手続

ないようにしていた。

大きめの会議室に30人が入り、前には3人の裁判官。この他に検察官と弁護人がいる。さっそく初老の男性候補者に裁判官が質問をする。

「1番の方、あなたの職業は何ですか？」
「会社員です。」
「あなたの家族や親戚に警察関係者の方はいますか？」
「私の息子が警察官をしています。」
「それでは1番の方、ご苦労様でした。気をつけてお帰りください。」
どうやら、警察とか、そういう職業の人は除外されるらしい。

そうこうするうちに松本氏が呼ばれる。
「8番の方、あなたの職業は何ですか？」　「会社員です。」
「あなたは今までに犯罪の被害を受けたことがありますか？」　「あ、交通事故で追突されたことがあります。」
「どれくらいケガをしました？」　「むち打ちで1週間通院しました。」
「ところで、今日は新聞でも報道された万引き事件で起訴された被告人のケースです。被告人を今の段階で有罪だと思いますか？」「えっ？有罪か無罪か、今から決めるんでしょ？」
「それではあなたを裁判員に選定します。」

裁判員候補者の皆さん

帰りたいのに選ばれてしまった。篠原くんも選ばれたので少しホッとする。

裁判が始まる

検察官に追及される被告人

裁判が始まる。被告人は20代の男性。

被告人は横浜駅前のスーパーで、ビールを万引きした疑いで逮捕された。このスーパーは万引きが多かったため、この日は万引検挙専門の警察官が私服で捜査にあたっていた。ビール売り場付近で挙動不審な被告人を警察官がみつけ、スーパーの警備員に知らせた。警備員が声をかけると被告人は慌てて逃走したので、取り押さえてカバンの中を調べると、缶ビールが2本入っていたというものである。

店では同じ銘柄の缶ビールが2本不足。防犯カメラは作動しておらず、警察官も「ビールを手に取ったり戻したりしていたが、万引きしたところそのものは見ていない」という。

被告人は2年半前に窃盗事件で懲役1年6ヶ月、執行猶予3年の判決を受けており、執行猶予中であった。被告人は会社から給料を貰ったばかりなので財布には5万円が入っていたこと、アルコールには極めて弱いことなど、動機が乏しいことや、ビールは年末に友達を自宅に招いたときに購入したものの余りで、それを友達に渡そうとして持っていただけだと主張し、以前に窃盗の前科があり執行猶予中なので、間違って捕まったらと思うと怖くなって逃げた、と主張した。

裁判では、警備員、スーパーの店長、そして警察官が証人として次々と被告人が犯人だと証言。被告人は被告人質問で無実を訴えた。そこに検事が厳しい尋問をとばす。多勢に無勢な気の弱そうな被告人をみていると何だかかわいそうになってきた。

被告人は窃盗事件の前科があり、執行猶予期間中ということや最後まで罪を認めず反省していないことなどから、求刑は懲役3年であった。

弁護人は被告人が一貫して無罪を主張していることや、ビールを万引する動機が乏しいこと、そして警察の強引な捜査方法などを指摘し、被告人を無罪とする最終弁論を行った。

最終弁論を行う弁護人

裁判は2日で終わった。証拠は証言だけだった。昔は分厚い捜査書類が全部証拠になっていたらしいが、裁判員制度になったので証言中心のわかりやすい裁判に切り替えたのだという。
捜査書類なんて読んでいたら何ヶ月かかるかわからないし、せっかく聞いた証言の記憶も薄れてしまうだろう。

評議の前の説明

裁判が終わって、いよいよ裁判官と裁判員が有罪・無罪や刑を話し合うことになる。これを「評議」というらしい。その前に、裁判長は、評議を行う上で注意しなければならないことを裁判員に述べた。
「皆さんの責任は大変重大です。予断や偏見、同情に基づかずに法廷に出された証拠にのみ基づいて有罪・無罪の判断をしてください。『疑わしきは被告人の利益に』がルールです。被告人を有罪とするのに何ら合理的な疑いがないと確信した場合には「有罪」を、そうでない場合、合理的疑いが残る場合は「無罪」としてください。私たち裁判官と裁判員の皆さんは評議において対等・平等ですから納得いくまで意見を言い、疑問を解消して結論を導いてください」

法廷を出て、評議室に集合する。

評議

評議室に入り、3人の裁判官と9人の裁判員が話し合うことになる。

評議が始まり、裁判官はもちろん、裁判員側からもいろんな意見が出される。

裁判員からは、有罪にするにはここが疑問、これが疑問、といろいろ議論が出されたが、3人の裁判官がそのつどすぐに説明をする。

「ビールは自分で飲むためでなくても、他人に売るために盗んだ可能性がある」

「5万円の現金があっても、数百円のお金はほしいものである。これは立派な動機である」

「万引き犯の中には、利益のためというより万引きが自己目的化している人が多い。常習化し、手癖ができてしまうことが多い」

「経験上、声をかけられて突然逃げ出す、という行動パターンは、やましいことがあるものと考えるのが普通である」

専門家の分析には、確かに納得されられるところもある。裁判員の中から疑問の声があがらなくなった。しかし、疑問は残る……それがうまくは言えないが……

評議が始まってから1時間くらい話し合ったところで裁判長がまとめようとする。

「皆さんの意見も出尽くしたようですし、皆さんは有罪という心証をお持ちのようです。次に量刑について話合いをしようと思います。被告人は前回の窃盗事件の執行猶予中なのに、再び窃盗で逮捕・起訴されまし

た。皆さん、どれくらいの量刑が妥当だと思われます？」

このまま黙っていると有罪だ。しかし疑問が残る。
松本氏は思い切って開口する。
「ちょっと待ってください。なんか納得がいきません。警備員が被告人を捕まえた時、本人の了解無しにバッグを調べたんですよね？　それって違法じゃないんですか？　それに、警察官は盗んだところを見た訳じゃないですよね？　警察官は『本人の同意を得て荷物検査をした』って言っていましたけど、何か作り話っぽいですよね」

有罪と決まりかけたところに口を挟んだものだから、左陪席判事がムッとして苦情を述べる。
「捜査が作り話ってことはないでしょう！　警察官も宣誓して証言しているんだから。検察が起訴している事件の99%は有罪なんです。本件で警察が証拠をデッチあげるなんて、それを疑わせるような証拠がどこにあるんですか？作り話っていうなら、どこがどう作り話なんです？」

裁判長も述べる。

「過去に犯罪を行った人というのは、とにかく否定する傾向があるんです。常習の万引き犯は特にその傾向が強い。それに今回は執行猶予中ですので、逮捕されたら前の事件もあわせて懲役を受けなければならないので、逃げたんだと思われます。そして、現場でなくなったのと同じビールが被告人のバックから出てきたんですよ。合理的に考えれば、有罪になると思いませんか？」

篠原くんが開口する。
「ボクも夜、自転車に乗っていて警察にしつこい尋問を受けたことがありま

す。誰のかと聞かれて友達のだと言うと、すごい態度で尋問して、学生証と免許証を出せと言ってバックの中から勝手に取り出して調べてました。自転車に運転免許はいらないのに…。あれって違法捜査だと思うんですよ。だから、警察がちゃんと捜査してるっていうのは、怪しいですよ」

左陪席判事が怒る。

「あのね、この裁判はキミの事件じゃないんです。窃盗事件で逮捕・起訴されたものですから、過去の体験を一緒にして語るのはやめていただきたい」

裁判長がなだめる

「まぁまぁ、市民の方には捜査の実情はわからないんですから。ご意見を承りましょう」

松本氏は考えた。

「ビールを盗む動機も乏しいし、盗んだところを見た人もいない。本人は一貫して否認している。逮捕・起訴の根拠は警察官が挙動不審だと感じただけ……」

松本氏は机を叩く。

「裁判官3人に囲まれるとうまく言えませんが、私は納得いかないんです。さっき、裁判長は『証拠にのみ基づいて…』っておっしゃいましたが、それを適用すればあれくらいの証拠で有罪にできるはずはないんです。実は被告人の前科とか、捜査の実情とか、証拠以外のもので判断していませんか？」

裁判員の片山氏も加わる。

「あなたたち裁判官が専門家ヅラするから何も言えなかったけど、確かにおかしいです。あなた方の話しを聞いていると、警察官は全て正しい捜査をしているという前提で話していませんか？警察官証言を100%信用して有罪・無罪を決めるのは全く納得がいきませんよ」

清水氏も声をあげる。

「私にも言わせてください。缶ビールを持っていたっていっても、そのスーパーのビールとは違う可能性もありますよね。被告人の持っていたものと銘柄は同じでも、賞味期限や製造年月日が同じだったという証拠は無かったですよね？　これで有罪にするっていうのはちょっと乱暴じゃないですか？」何人かの裁判員が「確かにそうよね」などとつぶやき始めた。

沢田氏も述べる。

「私も、何も悪いことをしていないのに警察官を見るとビクビクすることがありますよ。ましてや執行猶予中の人なら、何もしてなくても警備員に声をかけられたら、パニックに陥って逃げたとしても不思議はないと思います」。大方の裁判員がうなずく。

評決

雰囲気を読んで滝田裁判長が言う。

「それでは皆さんにお聞きします。この事件、有罪とはいえない、つまり無罪ではないかと思う方、挙手願います」

9人の裁判員全員が挙手。そして意外なことに裁判長も挙手する。
本来、こうした意見は挙手ではなく、無記名投票で聞くことが多い。

右陪席の入江判事。
「あらら、裁判長が無罪に手を挙げちゃった」

「まぁ裁判長がそういうなら、私も無罪でいいわ」

気まずい左陪席の濱田判事。
「うわー、マズッ！　この裁判、無罪になりそうだ！　警察の捜査がいいかげんって判決を出すようなものだし、裁判員を説得できなかったことで出世に響くかもしれない！　でも、裁判長が無罪っていうなら、それが正しい判断じゃないとはいえないな。無罪でもいいか？」

「あはは、警察も時には行き過ぎた捜査を行いますからねぇ。私も『疑わしきは被告人の利益に』を厳しく適用して今回は無罪と判断します」

評決では全員一致で無罪となった。

よし！一人の青年を無実の罪から救ったぞ。あの時黙ってないで声をあげてよかった。
でも僕と篠原くんだけじゃ老獪な裁判官に言い負かされたろうな〜。
やっぱり裁判員は裁判官よりたくさんいないとダメだ！

判決

法廷に戻り、裁判長は無罪判決を読み上げる。

「被告人は無罪。　裁判員の皆さん、おつかれ様でした……」

被告人が感激して目から涙があふれていた。弁護人と僕たち裁判員にも頭を下げている。
やっぱり彼は無実だったのだな。

最後に日当をもらった。3万円入っていた。1日当たり1万円ということになる。思っていたよりも多い。裁判員は裁判官と話し合い、同じ権限を持って有罪・無罪を決めるのだから、それなりの報酬を出すのだろう。
しかし、今回の裁判員体験で得たのは報酬だけではない。
裁判員として裁判に関わることで、司法がどのような手続で行われていくのかを学習することができたし、警察・検察の捜査をどのようにしてチェックするのかなど、なかなかできない体験も得ることができたのだ。

（このストーリーはフィクションであり、現実の事件・人物とは関係ありません）

撮影協力	**特別出演**	**友情出演**
伊藤塾 シルクセンタービル	吉岡初子（主婦連合会） 福来寛（カリフォルニア大学東京スタディセンター所長）	大川仁（伊藤塾）

納得できない裁判

過酷な医療過誤裁判を経験して

櫛毛 冨久美

（Infant Safety Alliance）赤ちゃんの急死を考える会事務局長

私は医療過誤訴訟を9年間続け、2002年4月に最高裁で棄却されました。

私の赤ちゃんは、新生児室でうつぶせ寝で死んでいるのを看護師に発見されました。よく泣くという理由だけで、生後1日のわが子はうつぶせに寝かされ、2時間半以上放置され、発見時は、唇が真っ黒になるほど変わり果てた姿になっていました。当日から病院側は、窒息を認め、土下座までして謝りました。警察の実況見分、司法解剖の結果も「窒息」でした。しかし、半年後に一転して、病院側は「原因不明のSIDS（乳幼児突然死症候群）だから責任はない」という文書とうつぶせ死裁判で患者側が敗訴した一覧表を送りつけてきました。手のひらを返した病院側のひどい対応に腹の底から怒りが湧き起こり、すぐ提訴しました。

「なぜ、わが子が死ななければならなかったのか」。「病院はどんな管理をしていたのか」。裁判で真実が明らかになると思ったからです。

しかし、一審では客観的な解剖所見よりも、加害者側である医者や看護師たちの口裏を合わせた証言が、どんどん証拠として採用されました。例えば、胃に残存するミルクから授乳直後に亡くなったのは明らかなのに、看護師らの発見直前まで生きていたかのような証言が採用され、死亡時刻が大幅に狂いました。

一審敗訴。「窒息と認めるには証拠が足りない。」というものでした。

二審になり、新たに提出した意見書（監察医・K医師）が、裁判所に採用され、解剖所見から客観的な証拠が見つかり、赤ちゃんの首にねじれと圧迫が加わっていたというのが、裁判所のほうでほぼ採用されました。しかし、そのK医師への証人尋問は病院側の拒否にあい、採用されませんでした。

二審も敗訴。看護師の証言は信用できないと認定され、赤ちゃんも2時間半放置されたというのも認められました。K医師の意見書を丸写しのような判決内容にもかかわらず、なぜ赤ちゃんの首がねじれたのか、その経緯が立証できていないから、証拠が足りないから、棄却するという、私にとってはとても納得のできない結果でした。

そして、最高裁に上告しましたが、2年後に「明らかな法令違反があるとはいえない」と棄却されてしまい、死にもの狂いで闘った親として、無念です。

9年間裁判を経験して、立証責任が過酷すぎるということ、裁判官に市民感覚がないということを痛切に感じました。

新生児室という密室で起こったことであり、カルテなどの証拠を握っているのも病院側です。また、うつぶせ寝にしたのも、発見したのも、蘇生にかかわったのも、すべて加害者側である病院側で親は何も見ていません。その親に立証できないようなハードルをすべて押し付けるのは、非常に不公平だと思いました。

私の判決の半年後に、神戸のうつぶせ死裁判で原告の勝訴が最高裁で確定しました。私と同じ裁判資料を使い、同じK医師が意見書を書きました。なぜ、同様の裁判で天と地ほどの差が出るのでしょうか。違う点は、神戸の事案は担当裁判長の交代がなく、私の裁判は7年間に5人の裁判長が代わったことと、神戸ではK医師への証人尋問が行なわれたことです。

また、私の裁判では、裁判長が「勝った前例はあるの？」「2時間半見ていなくても仕方ない。」と発言したり、右陪席の裁判官がいねむりをしたり、情けなくて涙が出ました。新生児室に預けた赤ちゃんの首がねじれて死んだのは自己責任。死後も2時間放置されても過失なし。この市民感覚からかけ離れた判決に言葉を失います。

（くしげ・ふくみ）

納得できない裁判

裁判の信頼を一気に崩す重大な危機

池上正樹
ジャーナリスト

「すみません」——と電車内で口にしたことが痴漢の謝罪と受け取られ、痴漢の犯人に認定された——。そう5年越しに無実を訴え、闘い続けてきたのが、長崎満氏（45歳）だ。

「私は痴漢の犯人ではありません」と、人前で主張するだけでも、相当に恥ずかしい。それでも、彼ははじめてマスコミなどにも実名で顔をさらして登場。いまや痴漢えん罪問題を告発する象徴的な存在にまでなっている。

2002年９月26日、最高裁第一小法廷は、上告を棄却。104人の弁護団による上告趣意書、補充書はあわせて1000頁に迫るものだった。しかし、最高裁決定はＡ４用紙２枚。棄却の理由も「刑事訴訟法405条の上告理由に当たらない」「同法411条を適用すべきものとは認められない」（被告人が本件犯行を行ったとした原判決は正当として是認できる）とだけ、記されていた。

事件は97年10月１日に起きた。朝、西武池袋線の各駅停車の車内で、長崎氏は前に立っていた女性から、突然「やめろ」などと大声で怒鳴られ、カバンを持っていた左腕をつかまれたという。

「突然のことでびっくりしたのですが、電車の揺れなどでぶつかったことを怒っているのかと思い“すみません”と謝ったのです」。

しかし、彼女は「逃がさへんで」と怒鳴り、長崎氏のネクタイを掴んだ。「彼女は極度の興奮状態だったので、駅員を交えて話をすれば誤解が解ける」と思った長崎氏は、池袋駅に着くと、女性と一緒に駅員室へ行った。

「ところが、駅員は警察官を呼ぶだけで、私の話をまったく聞こうとしません。駆けつけた警察官も“あなたを逮捕するわけではない”“ちょっと事情を聞くだけだから、交番に来てほしい”と言うので、同意したんです」。

結局、長崎氏が連れていかれたのは、池袋署の取調室だった。

彼は否認を続けたため、21日間勾留された。しかも、検察庁では検察官から「あなたと取引するわけではないが、認めればあなたを釈放する書類を書く用意をしている」とまで言われたという。愕然としながら、彼は「やってもいないものを認めるわけにはいかないから」と、闘う覚悟を決めた。

裁判では、女性は「触られた感触で、犯人の手は左手だとわかった」「痴漢の手を払いのけて、自分の左側に立っている男を捕まえた」と証言。つまり、被害者の女性は、痴漢の犯人を見たわけではなく、犯行中の手を捕まえたわけでもなかったのである。証拠はこの「女性の供述」だけで、物的証拠も目撃証言もなかった。しかし、「被告人が“すみません”と言ったことなどは、痴漢犯人として強く推認させる」として、1審も2審も有罪だった。

今の司法に危機を感じるのは、このように「強く推認させる行動」だから「痴漢犯人」として断定されることである。長崎氏にかぎらず、痴漢に間違われたら、否認を続けるかぎり、長ければ1年あまりも勾留され、自白を迫られる。そして、裁判ではほかに証拠がなくても、「被害者女性がウソをつくはずがない」という理由で100%近くが有罪。最近では、実刑判決が下される傾向にある。はからずも、裁判官たちの価値観の根底にある“男尊女卑”の偏見を露呈させる格好となっている。

満員電車に乗った者なら誰でもわかるが、痴漢は被害者も戸惑うほど、真犯人を見極めるのがむずかしい。酷ではあるが、被害者自身も冷静で客観的な判断が求められる。それとともに、男女双方の供述が食い違っている以上、裁判では公平な裏づけ検証も必要なのだ。

この裁判の怖さは、ひとたび女性が被害を訴えると、名指しされた男性はほぼ間違いなく有罪にされ、社会的にも打撃を受けることだ。だからこそ身近な問題として、痴漢えん罪問題に対する理解が国民の間にこれだけ進んでいるのだ。そのことに、今の裁判官がまだ理解できていないのだとしたら、裁判の信頼を一気に崩す重大な危機をはらんでいる。　（いけがみ・まさき）

納得できない裁判

「有罪率99.9%」こそ、冤罪の証拠ではないのか？

客野美喜子

無実のゴビンダさんを支える会

「李下の冠」という故事があります。ごく何気ないふるまいをしただけなのに、思いもよらず疑いの目で見られてしまう。日常生活の中で、そんな苦い経験を、誰でも一つや二つは持っているのではないでしょうか。いったん受けた疑惑を晴らすというのは、たとえ些細なことでさえ、なかなか容易ではありません。

ところで、日本の刑事裁判の有罪率は、「99.9%以上」だそうです。つまり、警察に捕まり検察に起訴されたら、最終的に1000人中、999人以上が有罪になるわけです。この人たちは、本当に、全員が真犯人なのでしょうか？

ゴビンダ・プラサド・マイナリさん（「東電ＯＬ殺人事件」のネパール人被告）は、1997年３月の逮捕以来、一貫して無実を主張しています。2000年４月、東京地裁（大渕敏和裁判長）は、「検察官が主張する被告人と犯行との結びつきを推認させる各事実は……被告人の有罪性を認定するには不十分なものと言わざるを得ない」として、ゴビンダさんに無罪判決を言い渡しました。

ところが、東京高裁（高木俊夫裁判長）は、３年をかけた一審の無罪判決を、たった４ヶ月で破棄したのです。「無期懲役」という逆転有罪判決を聞いた瞬間、ゴビンダさんは、「神様、わたし、やってない！」と法廷中に響きわたる大声で叫びました。

なぜ一審が二審で覆されたのでしょう。新しい証拠は何ひとつありません。同じ情況証拠が、ことごとく被告人に不利な方に推認されたのです。百歩譲って、これらを総合的に判断しても、そこから導き出される結論は、「被告人は犯行を行い得た」という可能性にすぎず、「犯行を行った」と断定することはできないはずです。おまけに弁護側の申請した科学鑑定は「必要なし」の一言で却下され、一審が「被告人を犯人とするには、なお合理的疑いの余地が残されている」とした疑問点も、ほとんど無視されました。

わかりやすく言えば、ゴビンダさんは、「李下に冠を正した」ことを咎められ、「桃を盗むことが可能だった」、ゆえに「盗んだに違いない」と決めつけられたようなものです。ごくふつうの常識的な市民感覚からして、このような理不尽な判決は、許されないのではないでしょうか。

高木裁判長は、公判開始前からゴビンダさんに強い有罪心証を抱いていたとしか考えようがありません。そもそも、一審で無罪になり東京入国管理局で帰国の日を待っていたゴビンダさんを、強引なやり方で再勾留した判事の一人が、他ならぬ高木裁判長だったのです。その時から、ゴビンダさんの運命は決まっていたと言ってよいでしょう。

ゴビンダさんの支援を始めてから、私は、彼以外にも、少なからぬ人々が「私は、やってない！」と必死で訴え続けていることを知りました。しかし、この人たちの悲痛な叫びも、弁護側の情理を尽くした弁論も、はじめから被告人に有罪心証を抱いている裁判官の心には、なかなか届きません。「警察・検察と一体になって治安を維持することが司法の使命である」とでも思っているのか、このような裁判官は、真実に目をそむけ、独特の詭弁を弄した「机上の空論」ともいうべき有罪判決を書くことに全力を傾注します。「無罪推定」の原則は、どこに行ってしまったのでしょうか。このような「官僚的な裁判官」が存在する限り、冤罪被害者は決して救われないでしょう。

「有罪率99.9%」という、異常なまでに高率の数字は、裏返せば、司法が正常なチェック機能を果たしていないことを示しています。

最近、「司法改革」についての論議がさかんです。私は、市民の司法参加には、大賛成です。当面「裁判員制度」（いずれは「参審制」か「陪審制」）が導入されれば、裁判所も少しずつ変わっていくのではないかと期待しています。

（きゃくの・みきこ）

裁判員制度7つの論点

2004年の立法化をめざして、
内閣の司法制度改革推進本部「裁判員制度・刑事検討会」は、
裁判員制度の具体案づくりをはじめています。
具体化にあたっては、
「検討会」の内外でいろいろな意見が噴出しています。
何が問題になっているか、
重要な論点7つについて見てみましょう。

論点 1

人数——裁判員は何人？ 裁判官は何人？

裁判官と裁判員の人数比は、裁判員制度の基本論点です。「人数比は制度の入り口論にすぎない。むしろ手続の中身が重要」という意見もありますが、やはり、人数比はどこまで徹底した市民参加制度となるかを決定づける重要な問題です。

この点については、「裁判官は1人でよい、裁判員は陪審制と同じで12人」という意見から、「裁判官3人、裁判員は2人でよい」という意見まで、さまざまな意見がすでに表明されています。「司法改革国民会議」（司法改革を「真に利用者である国民のものとする」ことを目的に各界有志で結成された団体）は2002年11月、「裁判官1人、裁判員11人」という意見を発表しています。

意見の違いは、徹底した市民参加型の司法を積極的にめざすか、市民参加は最小限にしてできる限り今の裁判制度の枠組みを維持するか、という発想の違いに基づきます。

後者の考えは、現行の裁判所法にある重大な事件での裁判官3人の合議体に裁判員が参加するという発想で、しかも「国民の負担」を軽くし、効率的な評議を行うために、「コンパクトな設計が必要」というものです。

しかし、これでは市民参加が形式的なものとなって、裁判員は「お飾り」にすぎなくなるという批判があります。これまで法律や裁判に関わったことのない生活者である裁判員が、経験豊富な専門家である裁判官と一緒に議論するのは、ただでさえ裁判員にかなり大きな心理的負担をかけることになります。裁判員が少数では、「裁判官主導」で裁判員にはわかりにくい「プロの言葉」が飛び交うことになり、裁判員が意見や疑問を十分に述べ、評議に反映させるのは難しいという難点がぬぐえません。

市民参加の実効性を確保するには、少なくとも、ヨーロッパの多くの国で採用されているように、市民（裁判員）の数は裁判官の3倍以上とすることが現実的です。市民の数がこれを下回る場合、市民参加が形骸化する危険性があるといえるでしょう。

さらに、多数の市民が参加することで、年齢、性別、職業、人生経験、環境などが異なる多様な意見を裁判に反映させることができるようになるメリットがあることも、否定できません。

論点 2

偏見——裁判員制度は「偏見」から自由か

専門的な訓練を受けていない市民は「予断」・「偏見」をまぬがれず、感情論に左右されるという意見があります。人間にはそれぞれ、自分の人生で得た知識や経験に基づく独自の考えや物の見方があります。これを「バイアス」といいますが、バイアスから完全に自由な人はいないと言っても過言ではありません。

しかし、専門家と言われる裁判官が「偏見のない公正な社会常識の持ち主」かといえば、そうとは言えません。エリートと言われ、官僚組織の中で生活する裁判官には、裁判所と自宅の書斎以外ほとんど知らないという人もいて、実社会での経験に乏しく「官」の側から物事を見る人が少なくありません。

また裁判官は、被告人や被害者などの「裁かれる者」からは遠い存在であり、「裁かれるのが自分だったら」という想像力や共感が乏しい、という指摘もあります。また裁判官の多くが男性であるため、女性に対する誤解や偏見に基づく判決も少なくありません（ジェンダーバイアスと言います）。

現在のように、数人の裁判官が議論するという方法では、結局、同じ職場の、人生経験も学歴も社会的立場もほぼ似通っている人たちが議論するわけですから、多角的な見方ができないことになります。

これに対し、アメリカなどで採用されている「陪審制度」は、職業、社会経験、年齢、性別の異なる多数の市民が対等に話し合ってひとつの結論を導くというものであり、陪審員個人個人が持っているバイアスを議論によって是正し、偏見や差別が少ない、社会常識に近い判断に到達できる可能性があります。

裁判員制度でも、できる限り偏見や差別のない判断をするためには、より多くの市民が参加し、より多くの「目」で事実を見きわめることが必要です。

さらに職業・経験・年齢・性別などの点で偏りのない裁判員を選ぶこと、バイアスを是正できるような実質的な議論が十分に尽くされること、が必要でしょう。そのために、①裁判員を選ぶ手続を適正なものとすること、②裁判官が証拠に関するルールについて裁判員に十分説明することが重要です。

裁判員を選ぶ選定手続では、裁判官、弁護人、検察官が質問して、あらかじめ被告人の有罪・無罪を決めつけている人、メディアの影響を強く受けている人、被告人の生育環境などに差別意識を持っている人など、公正な判断ができないおそれがある人を除外します。

また、裁判官が繰り返し「偏見や差別、同情や嫌悪からではなく、証拠のみに基づいて判断するように」「疑わしきは被告人の利益に」というルールを説明することが重要です。こうした説明はまた、とかくバイアスがかかりやすい裁判官自身に対する戒めにもなるはずです。

他の国の市民参加制度はどうなっている？

今日、先進国のほとんどで、市民が司法にかかわる市民参加制度が確立しています。アメリカの陪審制が有名ですが、欧米諸国・ロシア・中国・香港・オーストラリア・ニュージーランド、そして多くの中南米諸国でも、国民による司法チェックが行われています。

例えば、アメリカ以外でも、イギリス・スペイン・ロシア・ブラジルそしてアルゼンチンなどが、市民だけで有罪・無罪を判断する陪審制度を採用しています。

ヨーロッパでは、裁判官と市民が一緒に話し合って結論を決める「参審制度」を採用している国も少なくありません。フランスは裁判官3人と市民9人で話し合う制度、イタリアは裁判官2人と市民6人、スウェーデンは裁判官1人と市民3人です。いずれも、市民は裁判官の3倍で、裁判官の人数より相当多い市民の参加によって実質的な市民参加にしようとする工夫がうかがえます。これに対して、ドイツは裁判官3人と市民2人ですが、「市民がお飾りになっている」と言われ、市民参加の形骸化が指摘されています。

こうしてみると、日本は世界の流れから取り残されているようですが、実はそうではありません。日本では大正時代に「陪審法」が制定され、しばらく陪審裁判が実現しました。第二次世界大戦の最中に、「陪審法」は停止され、いまだにそのままになっているのです。

論点 3

報道 ——裁判員制度にはメディア規制が必要か

裁判員制度の導入にあたって、メディア規制が必要だという意見があります。まず、裁判員が予断や偏見なく公正な判断をすることができるために、裁判前の犯罪報道に一定の制約を求めることの是非が大きな問題となります。

確かに、証拠に基づかずに被告人を犯人と決めつけるような報道や、事件の背景・動機を憶測でコメントする報道などをみれば、視聴者や読者は事件について予断を持ってしまう危険性があります。報道には「刷り込み」作用があり、物の見方を一定の角度に方向付ける「フレーム・ワーク」作用もあります。

もし裁判員がこのような予断を抱いていれば、冷静に証拠に基づいて公正な判断を下すことができなくなる危険があります。陪審制度を採用しているイギリスなどでは、裁判に偏見をもたらす重大な危険性がある場合、裁判所の命令で一定の期間、事件報道を禁止することもできるとされています。

しかし、国家による報道の規制は、憲法が保障する表現・報道の自由と対立します。報道は、社会的関心事や多様な情報を市民に伝達し、市民一人ひとりの意思形成を助けるという公的な使命を持ち、民主主義社会を支える機能をもっています。

犯罪報道も、犯罪の有害性や再発防止策について世論を喚起し社会的な議論を深め、適切な捜査が行われるように市民が監視したり、あるいは逆に、市民が捜査に協力する上で重要な役割を果たしたりします。報道をシャットアウトして、社会的な監視がないもとで、市民に開かれた公正な裁判が実現するのか、と言えば、疑問というほかありません。

ただし、現在の犯罪報道が視聴者や読者に偏見を与える内容を含んでいることは、否めません。裁判員が予断や偏見に基づくことなく、公正に判断できるように、メディアにも工夫が求められるでしょう。そのためのルールづくりも必要でしょう。

もうひとつの論点は、裁判員の個人情報についての報道の禁止、そしてメディアによる裁判員や裁判員候補者への接触の禁止についての是非です。

裁判員となる市民の立場では、その人のプライバシーや個人情報は厳重に保護されるべきであって、その個人情報が不特定多数の人々に向けて報道されることはとうてい認められるべきではない、ということになります。裁判員に対する取材がヒートアップして、裁判員の私生活や安全が脅かされる危険性もあります。

しかし、世間の注目を集める事件であればあるほど、裁判員の個人情報に対するメディア側からの報道の要求は高まることが予想されます。この問題についても、裁判員制度ができる前に、きちんとしたコンセンサスを形成することが必要となるでしょう。なお、アメリカでは、裁判終了後、陪審員が希望すればメディアからの取材を受けることは、原則として、自由とされています。

国家による報道規制ではなく、メディア側の自主的なルールづくりが望ましいと言えますが、市民としても、これから裁判員となるわけですから、積極的に意見表明をして社会的コンセンサスを形成していくことが必要でしょう。

論点 4

捜査——裁判員制度には捜査の改善が必要か

刑事裁判はわかりにくいという意見があります。もっともです。刑事裁判は「公判中心主義」といい、たしかに「建前」では、公開の法廷でされた証言に基づいて判断をすることになっています。しかし実態は、捜査段階に捜査機関が作成した膨大で難解な捜査書類、特に被告人や証人の捜査段階における供述調書が法廷に持ち出され、裁判官はこうした捜査書類を長い時間かけて熟読し、判決を書いています。日本の刑事裁判は、公開の法廷での証言よりも、捜査段階の供述調書の方を重視しがちだと言われ、「絶望的だ」と批判する研究者も数多くいます。

裁判員制度は、こうした悪弊を変えるものでなければなりません。法律家でない多数の市民が裁判に参加すれば、膨大で難解な「調書」を熟読しなければ裁判ができないという制度には無理があります。また、調書を読むのに慣れた裁判官が、圧倒的な情報量を得たうえで、裁判員に情報提供しながら議論をリードすることになれば、市民参加の意味は失われてしまうでしょう。

そこで、「調書」を証拠としうる今の刑事訴訟法を改正し、公開の法廷での証言や証拠のみに基づいて判断する仕組みを確立する必要があります。そうすれば、裁判員と裁判官とが、同じ条件で、公開の法廷で得られた証言に基づいて、対等に議論し、事実を見きわめることが可能になります。

このように、調書が証拠として認められなくなれば、捜査も変わります。捜査機関は、捜査側に有利となる調書を取ることに労力を払っても意味がなくなるからです。最大23日間、被疑者の身体を拘束し、密室で長時間取調べ、自白を獲得しようとし、自白するまで釈放しないという現在の「取調べ中心」の捜査は、無意味になります。被疑者や証人を長時間執拗に取調べ、誘導などによって供述がゆがめられることにより、真実と異なる供述調書が作成され、それがもとで冤罪も生まれているのが現状です。

「取調べ中心」の捜査が変われば、無実の人を有罪にしたり、真犯人を取り逃がす、ということもなくなることが期待されます。

さらに、この機会に、国連規約人権委員会からも是正を勧告されている現在の捜査手続を改善すべきだとする提案があります。

　捜査機関による取調べに弁護人の立会いを認めたり、取調べ状況を録音や録画で記録したり、被疑者と弁護人との面会（接見と呼ばれています）を自由に認めたり、あるいは捜査官に対する人権教育を徹底するなどの改善策を実施すべきだという意見です。

これに対して、裁判員制度の採用は一部の刑事事件に限られるとか、起訴される事件の大部分は被告人が犯罪を認めているものだということを根拠に、調書はこれまでどおり証拠としてよい、捜査手続の改善は必ずしも必要ではないという意見があります。この意見によれば、「綿密な捜査書類」を裁判員に読み込ませることになるのでしょう。そうなると裁判員に過大な負担をかけるので、「裁判員の人数を極力減らして負担を減らそう」という意見に結びつくことになります。しかしそれは、本末転倒な議論ではないでしょうか。

人権は「グローバルスタンダード」じゃなくていいの？

国連から人権軽視を指摘された日本の刑事手続

　日本は人権保障に関しては残念ながら後進国です。特に刑事手続における、被疑者・被告人の人権は非常に軽視されています。国際自由権規約に基づいて国連につくられた規約人権委員会は、世界の国々の人権状況を審査していますが、1998年には日本の刑事手続に関連して、次のように勧告しています。

　「委員会は、自由権規約9，10，14条で定められている権利が起訴前の勾留においては次のような点で十分に保障されていないことに深い懸念を表明する。日本の起訴前勾留は、警察のコントロール下で最大23日間可能であり、被疑者は速やかでかつ効果的な司法的コントロールのもとに置かれず、この23日の勾留期間中に保釈が認められておらず、取調べの時間及び期間を規制する規則が存在せず、勾留中の被疑者に助言し援助する国選弁護人が存在せず、弁護人のアクセス権が厳しく制限され、取調べは被疑者の選任した弁護人立会いのもとで行われない。委員会は日本の起訴前勾留制度を直ちに改革するよう強く勧告する」

　「委員会は、刑事裁判における多数の有罪判決が自白に基づいてなされているという事実に深い懸念を表明する。自白が強制的に引き出される可能性を排除するため、警察の留置場すなわち代用監獄における被疑者の取調べが厳格に監視され、または電気的な方法により記録されることを強く勧告する」

　「委員会は、刑事法において、検察官には、その捜査の過程において収集した証拠のうち、公判に提出する予定がないものについてはこれを開示する義務がないこと、および弁護側には手続のいかなる段階においてもそのような証拠資料の開示を求める一般的な権利は認められていないことに懸念を有する。委員会は規約14条３項の規定に従い、締約国が、その法律と実務において弁護側が関連するあらゆる証拠資料にアクセスすることができるようにして、防御権が侵害されないよう確保することを勧告する」（『日本の人権　21世紀の課題』〔現代人文社刊〕

参照)。
このような国連の勧告にも関わらず、裁判所も法務省もその後何らの改善もしていません。被疑者に対する勾留制度を改善すること、密室での取調をやめること、証拠開示をすることなど、国際的に見て当たり前の人権保障は、裁判員制度導入にあたって、きちんと実施する必要があるでしょう。

論点5

弁護——裁判員制度には弁護の改善が必要か

裁判員制度では、一般の市民が参加しやすいように、連日法廷を開き、集中して審理を行い、できるだけ短期間内に裁判を終結させることが要請されます。

そのためには、当事者双方の努力が必要ですが、特に裁判によって不利益を被る危険性のある当事者－被告人の側にとっては、十分な準備や防御が尽くされ、主張立証を尽くすことが不可欠の前提といえるでしょう。刑事裁判は、国家が個人に刑罰を科しうる強大な司法作用であり、その刑罰は、死刑、無期・有期懲役など極めて厳しいものです。憲法31条は「何人も、法律の定める手続によらなければ、その生命若しくは自由を奪はれ、又はその他の刑罰を科せられない」として適正手続保障を定め、憲法37条2項は被告人の防御権を、37条3項は弁護人依頼権を定めています。刑事裁判は、無実の者に誤って刑罰を科すことのないよう、慎重な手続により被告人の十分な防御権、弁護権が保障されたうえで公正に行われることが必要です。そのためには何よりも、被疑者・被告人が弁護人の援助を受ける権利を実効的に担保することが必要です。

集中審理を前提とする裁判員制度導入にあたっては、これまでよりも被告人側の弁護体制の充実・拡充が必要だという点では、意見の一致がみられます。

問題は、その内容です。

まず、被告人には必ず弁護人を付けることが必要です。この点は現在でも、重大な事件では、弁護人が在廷しなければ法廷を開けないとされており(必要的弁護事件)、また、被告人が自ら弁護人を選任することができない場合には、裁判所が国の費用で弁護人を任命することになっています(国選弁護人制度)。

しかし、弁護士の援助は、起訴される前の段階－捜査段階から必要です。司法制度改革審議会は「被疑者に対する公的弁護制度を導入し、被疑者段階と被告人段階とを通じ一貫した弁護体制を整備すべきである」として、捜査段階からの公的弁護制度を提唱し、現在この具体化が、司法制度改革推進本部の「公的弁護検討会」で行なわれています。しかし、投入される公的資金の規模や公的弁護制度の運営主体をめぐって大きな対立があります。特に、公的資金を投入して行われる公的弁護制度の運営主体が、国の監督・管理下に置かれることとなれば、個々の弁護活動に対する干渉・侵害が生じるのではないか、と危惧する声があがっています。弁護活動の自主性、独立性が守られることが不可欠といえるでしょう。

しかし、公的弁護制度が整えばそれでよいということではありません。

最大の論点は、「人質司法」の改革です。現在では警察官が被疑者を逮捕して、48時間以内に被疑者を捜査記録とともに検察庁に送っても、検察官が勾留を請求して認められると、多くの場合、引き続き警察の留置場（代用監獄）に収容され、警察による取調べが続行されます。自白しないと最大限20日間勾留され、その間に弁護人との面会（接見）も制限されます。起訴前の保釈制度はなく、起訴後の保釈も十分には認められません。このような刑事裁判のあり方は、「人質司法」として批判され、国連規約人権委員会からも改善を勧告されています。

被疑者・被告人が拘束されたまま、弁護士とも十分に相談できない状態のままでは、検察側と対等に、自分の防御のための準備をしたり、自分に有利な証拠を収集することはできません。

このように、今でも問題が多々あるのに、裁判員制度のもとでは裁判がこれまでよりも迅速に進行したり集中した審理が行われることになるので、抜本的な改善が不可欠です。

ところが、この点の改革が司法制度改革推進本部ではまともに議論されていません。その背景には、捜査機関や裁判所には、身体の自由を拘束することがいかに重大な問題であるかを軽視する姿勢が相変わらずあり、代用監獄を利用した「綿密な取調べ」によって効率的な捜査ができるという古い捜査体質を温存する考え方があります。

論点6

証拠——裁判員制度には証拠開示が必要か

証拠開示とは、当事者が収集した証拠を相手方当事者に事前に見せることです。多くの場合、検察官の手持ち証拠の開示が問題になります。

捜査機関は公的な資金を使って強制力を背景にして、被告人に有利な証拠も含めて、たくさんの証拠を収集しています。ところが、弁護側には、ごく一部の、しかも検察側に有利な証拠しか開示しない場合や、なかなか証拠開示に応じないのが実態であり、これは公正な裁判を実現する上で大きな障害だと言われています。

検察側は、手持ち証拠の開示に消極的な理由として、弁護側が自ら証拠を収集せずに相手方に手持ち証拠の開示を要求するのは当事者主義のルールに反するとか、開示した証拠をきっかけとして弁護側が証人に不当に圧力をかけたり、関連する証拠を隠したり、かえって不公正な裁判を助長するおそれがあるなどと主張しています。しかし、検察側が被告人に有利な証拠を隠したまま審理が終わり判決が出されることとなれば、公正な判断が阻害され、取り返しのつかない誤判や冤罪を引き起こす危険があります。

裁判員制度の導入にあたっては、集中して審理を行い、効率的でわかりやすい審理をすることが求められるので、事前に検察側の手持ち証拠を開示することが必要になるでしょう。事前の証拠開示によって争点が明確になり、弁護側の準備も円滑に進み、迅速な裁判が可能になるというメリットがあり、証拠開示を行う必要性は否定できないのではないでしょうか。

次に問題となるのは証拠開示の範囲と方法にあります。

まず範囲について、弁護士会は全面開示を要求していますが、法務省・検察庁は部分的な開示のみに応じるという姿勢を崩していません。

次に、方法については、起訴直後に全面開示をする方法、それとも、必要に応じて段階的に開示を進めていく方法など、見解の違いがあります。弁護側の開示請求の前提として、「検察官はまず、すべての手持ち証拠についてリストを作成して弁護側に示すべきだ」という意見が有力に主張されています。

証拠の事前全面開示に対しては、「被告人側が証拠を改ざんし破壊する危険」を危惧する声がありますが、現行法でも証拠の改ざんや破壊には刑事罰が科されることとなっており、そのような弊害の危険性は乏しいと思われます。

また実際、少年事件では現在、捜査過程で収集された証拠がほぼすべて開示されていますが、大きな弊害はないという指摘もあります。

さらに、日本の証拠不開示の実情は自由権規約に反するとして、国連規約人権委員会がたびたび改善を勧告していることも考慮しなければならないでしょう。

論点 7

上訴 ——裁判員制度には上訴制度が必要か

現在は三審制と言って、第一審の判決に対して検察官も被告人・弁護人も高等裁判所に控訴することができ、最高裁判所には憲法違反や判例違反にあたる場合に上告できます。

これをそのまま、裁判員制度に適用するのも一つの考え方です。司法制度改革審議会「最終意見」は、「当事者からの事実誤認又は量刑不当を理由とする上訴（控訴）を認めるべきである」としましたが、控訴審をどのような構成にするか、控訴審の手続はどうするかについては、決まっていません。

まず控訴審の構成について検討しましょう。

もし、一審は裁判員制度、控訴審は職業裁判官だけの制度、ということになり、控訴審で自由に一審の結論を変更することができることになれば、せっかく市民も含めて下された判断が職業裁判官によって容易に覆されることになってしまいます。また、控訴審も裁判員制度により判断するとすれば、控訴審の裁判員の判断がなぜ第一審の裁判員の判断より優越するのか、合理的な理由を説明することができません。控訴審では裁判員の人数を増やすことにより正当性を見出せる、という見解もあります。

また、控訴審の手続をどうするかも大きな問題です。現在の控訴審は一審での事件記録を前提としつつ（事後審）、新たな証拠があればそれについて証拠調をする手続（続審）ですが、このようなやり方のままで控訴審にも裁判員制度を導入するとすれば、裁判員が一審の全記録を読まなければならないことになります。それでは裁判員に過大な負担をかけることになるので、控訴審では初めから審理を全部やり直す（覆審）、という考えもありえます。

次に、どのような理由の控訴を認めるかについても意見がわかれます。

被告人がこれまでどおり、誤判の救済を求めて、事実認定や法令違反を理由として控訴できることについてはほぼ異論を見ません。

しかし、検察官が、無罪判決に対して事実誤認を理由に控訴したり、量刑不当を理由として控訴したりすることについては、反対論もあります。

なぜなら、上訴制度は、被告人に適正な手続を保障するためのものであり、憲法で禁止する「二重の危険」（39条）は被告人に不利益な上訴も禁止していると考えることもできるからです。憲法39条は、「同一の犯罪について重ねて刑事上の責任を問はれない」と定めていますが、これは人権保障の観点から人を同じ刑罰の危険のある手続にさらすのは一度きりでなければならない、という「二重の危険の禁止」に基づくもので、この考え方からは本来検察官上訴は憲法違反だということになります。

これに対して、事実認定について検察官上訴を認める見解は、誤った判断に基づいて被告人が利益を得るのは不当であり、控訴審で実体的真実を追求すべきだ、と考えるのでしょう。

しかし一審無罪判決後、検察側が膨大な再捜査を行い、一審判決を覆そうとすれば、被告人は極めて不安定な地位に置かれることとなります。その結果、仮に市民参加の裁判員制度で無罪判決を得た人が、職業裁判官のみの控訴審によって逆転有罪となる、ということが起きれば、裁判員制度そのものの趣旨が没却されるのではないでしょうか。

裁判員制度に期待する

市民のみなさん、いらっしゃい！

森野 俊彦
和歌山家裁判事

私は、今、和歌山家裁庁舎3階の南東隅にある裁判官室でこの文章を書いています。既に夜のとばりがおり、さきほどまで残業していた職員も帰宅されました。この部屋から渡り廊下を隔てて、わずか数メートルの距離に、地裁1号法廷があります。例の和歌山毒物カレー事件の審理が3年7ヶ月にわたって行われ、昨年12月判決言渡しがなされた法廷です。

この間、重要な審理が行われる日は朝から、大勢の人々が傍聴券を求めて裁判所の駐車場に並んでいました（初公判と判決言渡しの当日は、裁判所の構内では収容しきれず、和歌山城前の広場が抽選会場になりました）。やがて抽選が始まり、当選番号を読み上げられた人は破顔一笑し、はずれた人はそれなりに残念そうに家路につかれます。よく見ていると、抽選に当たった人の何人かは、「世話役」らしき人のもとに行かれて傍聴券を譲り渡しているようです。社会的耳目を集めている裁判を見るチャンスをせっかく得ながら、その権利を行使しないのはもったいない気がしますが、最初からそういう約束のもとに並んでいたのでしょう。「世話役」が受け取った傍聴券は、おそらく、いわゆる評論家や記者席に座れないマスコミ関係者の手に渡るものと思われます。

私は、裁判官室から、こうした情景をみるにつけ、何かおかしいのではという違和感を抱き続けてきました。裁判を傍聴することは、裁判が適正に行われるかどうかを監視することであり、その重要性を決して否定するわけではありませんが、結局のところ、市民はあくまで「お客さん」で、「裁判をする人」として裁判所にやってくるわけではありません。それゆえに、裁判というのは所詮お上がするもので、市民はせいぜいそれを監視するしかないという意識がいつのまにか市民の方にも染み込んでしまったのかもしれません。

裁判員制度は、そうした「市民＝傍聴人＝お客さん」という認識を根本的に改めようとするものです。もちろん、これからも社会の注目を浴びる事件で、市民の方が傍聴券を求めようとして並ぶという光景はやはり続くでしょうが、そういうお客さんとは別に、裁判をする役目を担う、「主権者としての市民」が登場するのです。

ところで、なにごとも、見るのは簡単ですが、やってみると結構大変なものです。私自身、30年以上も裁判という仕事に従事してきましたが、現在に至ってもなお、法廷（審判廷）での審理運営にせよ、事実認定にせよ、その困難さを痛感し、日々、新たな問題にぶちあたっては悩んでいます。その一方で、私のようなものでもなんとかその職務を続けてこられたのは、裁判という仕事は、一生懸命取り組めば取り組むほど、おのずと、それに携わる者に力と勇気を与えてくれるという側面があるからではないかと思っています。このたびの裁判員制度は、まずは重大な刑事事件から実施されることになりますが、場合によっては人の生命を左右するという重要な職責を負うわけです。みなさんのなかには、役目の重大さに身が縮む思いがする、できれば逃れたいと思われる方もおられるかもしれませんが、みなさんのもっておられる常識、社会経験でもって真摯に臨んでいただければ、職務を全うすることは十分可能ですし、それをやり遂げたあと、いままで味わったことのない充足感を経験されると思います。どうか、市民のみなさん、胸を張って堂々と、裁判所の正面玄関からいらして下さい。傍聴券はいりません。

（もりの・としひこ／日本裁判官ネットワーク会員）

裁判員制度に期待する

犯罪を抑止する感度の高い市民になる一歩

片山徒有
市民の裁判員制度つくろう会代表世話人

自分が司法にはじめて直面したのが、息子の「隼」がひき逃げで死亡した事件でした。その加害者の顔も見ていないので、せめて「公判」の場でどんな気持ちなのか知りたいと、公判期日を聞きに出かけていった検察庁で「不起訴処分が決まっています」と言われたとき。あのショックは未だに忘れられません。

1998年1月の下旬、週末金曜日の夕方でした。あちこちたらい回しにされて、最後に別棟にあるところへ行けと指示され、さらに待たされてやっと出てきた検察事務官は、私の身分確認をした上で、それだけを述べると、あとは何を聞いても「お答えする義務はありません」「法律はそうなっています」とばかり繰り返しました。

大きな部屋でおそらく数十人が、私たちのやりとりを目撃していました。どうして目の前にある捜査記録を見せてくれないのか、また説明もしてくれないのか、この国は被害者のことをちっとも考えてくれていないのではないかと疑問ばかりが残りました。

個人的に司法に対する大きな信頼が崩れた日が、まさにその日でした。おそらくは、えん罪事件で苦しんでいる人も同じような思いなのだろうなと頭をよぎりましたが、そこで感じた恐怖にも似た「威圧感」、「正義は私たちにしかない」と言い切る強い態度は、弱者に対する配慮が欠けている、公平に話を聞いてくれないといった過去に聞いていた話とも一致するところでした。ここから、息子の名誉のために「再捜査」を求める活動はその日のうちにスタートしました。

いろいろな意味で、それが被害者保護についての法制定のきっかけになると言われると、くすぐったい気持ちがあります。その前にも多くのかたが同じ思い、納得できない気持ちでおられたわけで、まだまだ不十分な法制定であると思っています。

私の体験を通して考えた裁判員制度に期待することは、事実認定や判決に至るまでの制度設計はもとより、これに至るまでの捜査段階での環境整備です。

警察での取調べ、その情報などはすべて市民に対して公開を前提で作成していただきたい。取調べる過程は、今の手法とまるで違ったものにならなければ、市民が裁判員となってもまるで理解できない内容しか公判に出てきません。これは裁判員制度そのものを誰のために行うのかといった根本の理念に関わるものだと考えます。

そして、被疑者、被告人の方、被害者となってしまった方に対する配慮も、より人間的なものとなると期待しています。このあたりは、制度や法整備だけでは限界もあるところですが、市民感覚が司法に採り入れられることで司法全体が変わることを最大の目的に考えたいと思うのです。

また、たとえ犯罪を起こしてしまっても、心から謝罪をし、被害者に謝り、そして更生の場でもきちんと自分に向き合える本当の意味での「更生」ができる改革にも期待します。

今の人間的でないといわれる司法問題の原因の一つには、裁判は自分とは関係ないという市民の司法への無関心があります。裁判員の経験を通して、犯罪を抑止する、感度の高い市民になることでしょう。そうした市民の意識が社会へ還元されることによって、より一層市民の司法への関心は高まることを確信しています。

このように、裁判員制度が、ひとりひとりの市民がたとえ僅かでも社会的責任を取ることができる制度として実現することは画期的ではないかと思っています。犯罪がなくなる日を願いつつ、裁判員制度に期待をしたいと思います。

（かたやま・ただあり）

裁判員制度に期待する

裁判員制度はひと粒で二度おいしい

毛利甚八
フリーライター

2001年６月、司法制度改革審議会はその最終意見書の中で裁判員制度の導入を提言しました。

これまでキャリア裁判官３人の合議体が行なっていた刑事事件のうち、重大な裁判には一般の市民から選ばれた裁判員を参加させて、事実認定（有罪かどうか）や量刑（刑罰の重さ）を考えてもらおうというのです。

このような提言が出てきた背景にはキャリア裁判官に対する不信があります。

日本の刑事裁判は、第二次世界大戦後に生まれた憲法と刑事訴訟法という法律によって運用されています。この２つの法律の大きな目的のひとつが、どのような階層であれ、どうのような罪を起こした人であれ、裁判の場では公平に扱われるということです。

そのためには、罪を追及する検察官と被告人のために働く弁護士のそれぞれの主張を裁判官がどちらにも偏ることなく耳をかたむけるのが大切な前提となります。

ところが、えん罪事件の判決の中身をみていくと、検察官の強引な筋書きを裁判官が簡単に認めてしまったり、被告人に不利な状況で聞き取られた自白を採用したりすることがしばしばあります。刑事訴訟法に明記されている理想と実際の裁判官の行動がかけ離れているのではないか、と思われる場合が多いのです。

今の日本の裁判官はもともと、おおむね大学を卒業する前後に司法試験に合格した秀才型の若者ばかりです。そして、同じようなタイプの先輩裁判官のもとで、仕事を通じて実務を学んでいきます。

彼らは裁判官に任官した後は裁判所の外の価値観に触れる機会を持たないまま、裁判所という「世間」でだけ有用な常識を身につけていく。たとえば検察官は裁判官にとっては、同じ司法試験に通った弁護士になる人々に比べれば文化的にも組織的にも近しい存在です。組織論からいえば、仲良くしておいた方が仕事がスムーズに進められます。

そういう組織人としての判断が裁判の席で事実認定に影響を与えることになると大変困ったことですが、先に述べたえん罪事件をみると、そういう組織人としての判断が判決を支えているように見えます。

裁判員制度の導入という劇薬は、そうした裁判所の風土や裁判官の常識にゆさぶりをかけるものなのです。

もちろん、キャリア裁判官の人々にとって、このような批判は心外なものでしょう。彼らは自分たちのプライドを賭けて、自分たちの職域を荒らされまいと裁判員制度を骨抜きにしようとすることでしょう。

裁判員制度が導入されるプロセス。その綱引きは、日本の歴史、日本の精神史の中のもっともエキサイティングな舞台になると私は考えます。

市民という立場で司法制度改革を見守る私たちは、裁判員制度導入をめぐって官僚たちの言動を深く心に刻みつけて、記憶し、記録にとどめる努力をしなければなりません。

また、市民が司法制度の担い手として法廷に入ると時、私たちは日本という市民社会をさらに成熟させるための、新しい体験に出会うでしょう。人を裁く難しさを体感し、市民は真に裁判官の職責を理解します。司法と市民社会の対話がその時に始まるのです。

（もうり・じんぱち）

裁判員制度に期待する

裁判官の市民的自由を裏付ける制度

杉本直紹
特許翻訳者

「裁判員制度の下、現職の裁判官は、一市民（裁判員）として裁判に参加できるのだろうか」ふと思った。

「職業裁判官も国民であるから当然、裁判員となる権利をもつ」そう思う一方、「現職の裁判官は裁判官であるがゆえに裁判員義務から免除されるのかな」とも思った。どうなるのか私にはわからない。ただ、裁判官も市民には違いない。だから、職業裁判官は、「裁判官としての立場」と、「裁判員として召喚される市民の立場」との2つの立場から裁判員制度を見渡すことのできる特別な存在だと思う。裁判官の方には、制度について、できれば2つの立場からそれぞれどのようなビジョンがでてくるのか語って欲しいなと思った。

さて、職業裁判官が「裁判員」になれることは、裁判官の市民的自由の裏付けになるかもしれないと思った。また、そうでなくとも、裁判員制度は、裁判官の市民的自由を保障するかもしれない。市民が主体的に参加する裁判員制度の下では、一般市民も、裁判に「責任」をもつようになる。だからといって、市民は、基本的にこれまでどおり自由なはずだ。とすれば、現職の裁判官も、裁判員となる市民と同様に自由ではないだろうか。

現在、裁判官には権威が求められ、その裏で裁判官の市民的自由が制約されていると思うような気がする。裁判員制度は、そのような権威の有り様を変えるかもしれない。召喚された「裁判員」とそれを迎える「裁判官」との関係を、会社の「部下」と「上司」の関係にたとえてみたい（そのような関係ではないとおっしゃる方も多くいるかもしれないが)。部下と上司は問題の解決にあたり共同体を構成する。そして部下は、上司の指導の下、問題の解決にあたる。そんな状況で上司が頼りなかったらどうだろう。「上司のいうことが理解しにくい」「上司は話をうまく整理できない」「上司は部下の意見をきちんと聞いてくれているのだろうか」「困難をかかえストレスのたまる部下、なのに冷たい上司」では、部下(裁判員)は、上司(裁判官)の能力に失望するだろう。そして権威という幻想はくずれる。

その逆の場合どうだろうか。「裁判官のいうことは平易で明快」「裁判官の話をきけば問題がよくみえてくる」「裁判官は意見をよく聞いてくれる」「裁判官は面倒見がよく好人物である」そして、裁判員は裁判官とともに納得できる結果を出す。そうであれば、市民は、裁判官の能力を認め、裁判官を信頼するようになるのではないだろうか。権威という幻想は、親しみと尊敬になり得る。

ただ、このような作用は、「裁判員自らが問題の解決にあたれない制度」「裁判員——裁判官の共同作業で問題解決がなされない制度」では、働かないように思う。「市民がお客さんの立場で裁判に参加する制度」(たとえば参審制)で、裁判官への理解は深まるかもしれない。が、そのような制度で、裁判官の能力や信頼度を判定したとしても、それは表面的(あるいは鑑賞的)評価になり得るだろう。そんな評価が巷に広まることは、裁判官にとって迷惑な話ではないだろうか。また、参審制の下では、裁判官と一般市民は、これまでどおり立場の違う存在であろうから、上述したような裁判官の市民的自由は棚上げになるのではないだろうか。

裁判員が主体的に参加する制度の下でこそ、裁判官の市民的自由が裏付けられ、裁判官が真に尊敬されるようになると私は思う。

(すぎもと・なおつぐ)

裁判員制度に期待する

国民の政府機関へのチェック・アンド・バランス

福来　寛
カリフォルニア大学東京スタディセンター所長

行政司法官僚の不祥事が後を絶たない。外務省幹部、農水省官僚の不正や高裁判事の妻の脅迫事件にからむ捜査情報漏えいなど、日本は「官僚無法地帯」とさえ言えるかもしれない。

こうした不祥事の原因の一つとして、国民による政府機関への効果的なチェック・アンド・バランス（抑制と均衡）が欠けていることが挙げられよう。

日本国民は政府機関を直接チェックできるシステムを持たない。検察審査会など外部のチェック機関は存在するが、これらは警告・勧告しか出来ず、法的拘束力はない。

2001年6月、司法制度改革審議会は、刑事裁判の一部に国民が参加する「裁判員」制度の導入を求めた最終意見書を小泉純一郎首相に提出した。

国民の司法参加としては一般市民を陪審員とする陪審制度がよく知られている。刑事裁判は裁判官・検察・警察・弁護士など司法部局の活動や行動を直接評価し、民事陪審は行政を含めた政府機関をチェックする。さらに市民個人、NGO（非政府組織）やNPO（非営利組織）を含む民間組織・団体が行政司法機関に対し訴訟を起こした場合、最終的に陪審員が事実審理を行い、評決を下す。

国民による司法チェックを可能にする陪審制度は、政府機関を国民のニーズにそった透明感のある、バランスのとれた運営に移行させるために大きな役割を果たす。

今日、先進国のほとんどでさまざまなかたちの司法参加が確立している。欧米・ロシア・中国・香港、豪州・ニュージーランド、そして多くの中南米諸国でも陪審・参審制度を導入し、国民による司法チェックを機能させている。

法曹人口が約100万人もいるアメリカは、よく行き過ぎた訴訟社会と批判される。しかしその反面、行政司法機関の抑制としてのチェック・アンド・バランスがよく浸透し、的確に機能している。

不正があれば市民個人や民間のイニシアチブで訴訟を通じて迅速かつ効果的な司法チェックがなされる。訴訟手続きが整備されているので弁護士の役割も日本よりはるかに大きい。同時に証拠開示（ディスカバリ－）があり、司法当局による摘発・証拠発見に頼らなくてもよい。

国民と政府間の抑制・均衡が効果的に機能していない日本では、逆に政府官僚の役割が肥大化し、弁護士の役割が極めて小さくなっている。個人が司法チェックする経済的で合理的な手続きがほとんどないため、通常、一般市民は弁護士のところへ行かない。

たとえば、最近の行政司法官僚の不正行為や薬害によるエイズやヤコブ病、狂牛病を引き起こした肉骨粉流通問題においても、ほとんどすべてのチェックが行政・司法任せ、関係当局の内部調査・告発待ちである。

しかし、これらの内部調査は事実の有無の確認が主な作業となっており、確認された調査事実を隠蔽してしまう傾向がある。結果的に被害者や家族、そして一般市民は、権利があっても泣き寝入りを強いられたり、行政司法機関や大企業等の社会的強者の行動を司法の場でチェックできないでいる。

「裁判員」制度は一部の刑事裁判に限っており、裁判員の数や評決方法など未確定な部分が多い。しかし、今後充実され、確立したものになれば、政府機関のチェック・アンド・バランスの中核となろう。この制度を通じて行政司法機関を本来の国民サポート役の任務に戻す可能性もある。「裁判員」制度はこれからの日本にとって国際社会の信頼と信用を勝ち得る新しい司法制度の一歩になるはずだ。

（ふくらい・ひろし）

これから、あなたも裁判員

**裁判員制度への三段跳び、最後のジャンプは、すてきな裁判員になろうというものです。
あなたが裁判員候補に選ばれたとき、あなたを招待した裁判所が裁判員になるあなたに語る裁判員の意義と役割です。
よく注意してお読みください。**
（ここでは、裁判官1名と裁判員11名という想定で構成しました）

ごあいさつ

ようこそ、○△地方裁判所へ。みなさまには、あらかじめ、お手紙を差し上げて、裁判員となっていただくようにお願い申し上げました。私は、所長の嬉野正治（うれしの・まさはる）です。

さて、本日はご多用のところ、刑事裁判に参加することをご承諾下さり、ありがとうございます。詳しい説明は後ほど、刑事裁判をご一緒します山下恵（やました・めぐみ）裁判長がいたしますが、所長として、導入的なお話をさせていただきます。

まずなぜ、本日はみなさまにお集まりいただいたかを説明いたします。みなさまは「裁判員制度」における「裁判員候補者」として本日お越しいただきました。

「裁判員制度」は、私たち職業裁判官とともに、無作為抽出で選ばれた一般の市民の方々が話し合って、刑事事件の有罪・無罪、そして量刑を決めるという手続きです。

なぜこのような制度が導入されることになったか、それは司法においても国民主権を実現しようという趣旨からです。

お手元にお配りした憲法の前文をご覧下さい。その書き出しは「日本国民」となっておりますね。その後で、「ここに主権が国民に存することを宣言し、この憲法を確定する。」という文章が続きます。明らかに日本国の主人公は「国民」であることをうたっております。またそのすぐ後に、「そもそも国政は、国民の厳粛な信託によるものであつて、その権威は国民に由来し、その権力は国民の代表者がこれを行使し、その福利は国民がこれを享受する」という文章が来ます。この文章はなかなか味わい深いものですが、その意味するところは、「国政に関する権威」であれ「権力」であれ、国民の意思に基づくものであるということです。

さて、司法とは、事件を通して人権を救済し正義を実現するというもので、私たちの社会にとってきわめて重要なプロセスと言ってよいでしょう。自分たちの社会で起こった自由と正義の問題について、社会の構成員であり主権者である国民が参加し、決定していくことは、民主主義を実現する上で、きわめて重要なことです。

裁判員のみなさまは、国民の「厳粛な信託」に基づいて裁判にかかわっていただき、それを通じて正義を実現する役割を果たしていただくことになるわけです。その意味で、裁判員の任務は実に大切なものです。

その上で、憲法第6章「司法」をご覧ください。まず、第76条の第1項は、「すべて司法権は」、つまり裁判を行う権力ないし権威ということですが、「すべて司法権は、最高裁判所及び法律の定めるところにより設置する下級裁判所に属する」とあります。いま、みなさまがおられる、この○△地方裁判所は、ここでいう「法律の定めるところにより設置する下級裁判所」にあたります。

そこで目を少しとばして、憲法第76条第3項をご覧ください。裁判官の心得のような条文があります。すなわち、「すべて裁判官は、その良心

すてきな裁判員へ HOP STEP JUMP

に従ひ独立してその職権を行ひ、この憲法及び法律にのみ拘束される」とありますね。これは、公正な裁判を実現するために、裁判官は、他の政治的な圧力に屈してはならない、良心に従って判断すべきだ、という趣旨です。この点では、裁判員のみなさまにも、同じ心持ちを持っていただきたいと思います。

さて、これから、この部屋で、担当する裁判員を選ぶ「選定手続」をいたします。

事件を担当する山下裁判長が司会進行しますが、担当の検察官、それに刑事被告人の弁護を担当する弁護人が立ち会いまして、みなさまに質問します。不躾なことをお聞きすることがあるかも知れませんが、お気を悪くなさらないで下さい。公平で公正な裁判を行うために、なくてはならない手続であるとご理解いただきたいと思います。

ちなみに、私ども、裁判官は、このような選定手続を経ないで事件を担当しますが、これは決して、裁判官の方が裁判員よりも偉いとか、裁判員を低く見ているというわけではありません。

裁判員には、予断や偏見、同情や嫌悪によってではなく、証拠のみに基づいて公正な判断をすることが求められます。事件関係者と人的関係があったり、初めから予断や偏見を持って有罪・無罪を決めつけているなど、公正な判断ができないと判断される方は、裁判員から除外することが必要となります。そこで、刑事裁判の当事者、つまり検察官と被告人・弁護人に選択権を与えて、公正で公平な裁判を実現するのにふさわしい方を選定するのが、「選定手続」なのです。ちなみに、裁判官についても、被告人などと直接利害関係がある場合には、公平で中立的な審判者としての適格性に疑問もありえますので、除斥、回避、忌避などの手続を通じて、裁判に関与しないように工夫されています。

ここで、選ばれなかった方は、ご足労いただいたことに対してはまことに些少ですが、「日当」というものを用意してありますので、お受け取りください。その後は、お帰りになるのも、裁判を傍聴されるのも、ご自由になさってください。

たいへん長い説明になって申しわけありませんが、所長として、みなさまにごあいさつ申し上げるとともに、裁判員制度の意味などについてお話しさせていただきました。

ご質問がございますれば、あまり時間の余裕はありませんが、簡単に答えられるものについてはこの場でお答えして、少し詳しくお話しする必要があるものは、別に時間を取ってお答えさせていただきます。

どなたか、ご質問はおありでしょうか。

ありがとうございます。よく理解していただけたようで、ご質問はありませんね。

それでは、私はここで退室させていただき、後は山下恵裁判長にお任せして、ご担当の事件について、裁判員の選定手続と裁判員となられる方へのご説明に移らせていただきます。では、山下裁判長、よろしくお願いします。

裁判員の選定手続

はじめまして、山下恵です。○△地方裁判所の刑事第一部の裁判長をしております。みなさまは、私が担当します強盗殺人被告事件について、裁判員となっていただくために、嬉野所長から呼出状を差し上げました。ようこそ○△地方裁判所においでいただきました。私からも歓迎のごあいさつを申し上げます。

さて、裁判所が判断を求められている事件は、香倶慎一郎（かぐ・しんいちろう）さんを被告人とする強盗殺人被告事件です。言うまでもないことですが、被告人はまだ有罪とされたわけでもなく、まして犯人であると決めつけてはいけません。刑事裁判には、「無罪の推定」という大事な基本原則があります。市民的政治的権利に関する国際規約（いわゆる自由権規約）には、「刑事上の罪に問われているすべての者は、法律に基づいて有罪とされるまでは、無罪と推定される権利を有する」という条文があり（同規約第14条第2項）、世界人権宣言第11条にも同じ規定があります。この原則は国際的な基準であり、およそ司法にたずさわる者はこの原則に従って判断をしなければなりません。この法廷においても、証拠により有罪が立証されるかどうかについて、厳正に、私たちが判断していくことになります。

したがいまして、さきほど嬉野所長が説明したとおり、公正で公平な裁判所として、検察官が起訴したこの事件について、判断をしなければなりませんので、みなさまも、どうぞそのおつもりで、予断や偏見をお持ちにならないように、まず一言申し上げさせていただきます。そのために、みなさまに差し上げた呼出状にも、どんな事件であるかについては一言も触れていないはずです。また、予断や偏見を持たないという点では、私もみなさまと同じ立場にありますので、起訴された事件について、私もまったく白紙の状態です。この段階で、私からみなさまに事件についてご説明することはありません。この点は、よろしくご理解ください。

さて、これより、裁判員の選定手続に入ります。

私の担当する事件については、裁判員11名と補充裁判員2名をお願いすることになるので、この部屋には、その3倍にあたる39名の方にお集まりいただきました。みなさまが「裁判員候補」です。みなさまには、整理の便宜のために、番号がついた名札を胸につけていただき、順番に着席していただきました。

さて、この部屋には、私のほかに、裁判所から書記1名、職員1名が来ております。また、○△地方検察庁から検察官2名が出席し、被告人および○△県弁護士会所属の弁護人2名が出席しております。ここにいるメンバーがそのまま法廷でみなさまといっしょに仕事をすることになりますが、裁判が始まりますと、このほかに裁判所から速記官3名が加わります。また、みなさまをお呼びするときに、お名前ではなく、座席番号でお呼びしますが、時間の節約とみなさまの安全の確保のためですので、この点もご理解いただきたいと思います。この手続は公開されませんので、傍聴人や報道関係者は来ておりません。

まず、私から質問をさせていただきます。順にご質問致しますので、お心当たりのある方は黙って挙手でお知らせください。ではお聞きします。

●「香倶慎一郎（かぐ・しんいちろう）さんについて、親族、友人、知人など、個人的関係のある方はおられますか」

●「この事件の被害者の親族、友人、知人など、個人的関係のある方はおられますか」

●「この事件当時、事件現場やその周辺にいて、事件や事件関係者を目撃した方はおられますか」
●「香倶慎一郎（かぐ・しんいちろう）さんは強盗殺人で起訴されましたが、この時点で彼が有罪だという認識をお持ちの方はおられますか」
●「この事件について、公正な判断をすることができない、とお考えの方はおられますか」
●「この裁判は1週間を予定しています。経済的事情、家庭の事情、あるいは健康上の理由から裁判員の任務をどうしても果たせない、という方はおられますか」

私からの質問は以上です。ご協力ありがとうございます。

では次に、この裁判の当事者である検察官と弁護人に質問していただきます。正直にお答えください。

（この後、検察官、弁護人の順に、裁判員の適格性についての質問があるが、ここでは省略する）

さて、長時間かかりましたが、これで裁判員１１名と補充裁判員2名が確定しました。

ほかの方は、これで選定手続は終了しますので、せっかくおいでいただきましたが、次の機会にお願いすることにいたしまして、本日はお引き取り下さい。裁判所の呼出しに応じていただきましたことを改めて御礼申し上げます。ありがとうございました。

裁判員に選ばれたみなさんは、少し時間が早いですが、別室に昼食を用意していますので、おとりください。

昼食後12時30分より、オリエンテーションビデオをご覧ください。心理学からみて注意すべき点をまとめたものです。みなさんはたくさんの証言を聞きその証言が信用できるものであるかどうかについて判断することになります。その際に、先入観や思い込みをなくしていただくためのものです。是非注意してご覧下さい。

ビデオ上映は20分ほどかかります。その後、午後１時から裁判手続を開始します。

裁判員へのオリエンテーションビデオ©黒沢香

裁判員制度を取り入れる目的のひとつは、裁判・司法に一般市民の豊かな常識を反映させることです。したがって、裁判員に選ばれたなら、自分のもつ常識にもとづいて証拠を調べ、証言を吟味した上で、判断し議論することが求められます。しかし、「常識」とよばれるものには、問題が多いものが少なくありません。

①数多くの写真の中から選ばれたのだから、犯人であるのは確実

よく知られているように、目撃者に被疑者1人だけ見せて、犯人かどうか聞くのは、正しい方法ではありません。諸外国では10人くらいの偽者役の中に被疑者を入れ、まちがいなく選べるか確認します。わが国では現在、1人だけを見せるやり方しかありませんが、このような証言が英国の裁判所で採用されることはありません。逆に何十枚、何百枚の写真の中から選ばせることもあります。しかし、どんなに数が多くても、犯人であるということは証明できません。枚数でなく、他にどんな写真が使われたかが、ずっと重要だからです。

②証言内容は、証人に自信があるほど正しい

自信があるほど内容が正確というのは、常識的に正しいように思えますが、心理学者による記憶の研究から、そうではないことがはっきりしています。証人がまちがいないと断言したのに、後から被告人が無実であったことがわかった事件もたくさんあります。証言の仕方が自信たっぷりだからといって、証言内容を信じてしまうことはとても危険です。

③繰り返して証言するうちに、内容が次第に正確になる

証人が証言を繰り返しているうちに次第に内容が変化することがよくあります。被告人の供述にも、そういう傾向が見られることが少なくありません。いろいろとすべてを考えた結果だから、最後の証言内容が最も正しいように思われますが、実際にはそんなことはありません。証言は記憶にもとづかなくてはなりません。記憶はいくら繰り返し思い出しても、最初に思い出せたことより正しくなるはずがないのです。証人が捜査段階で何度も証言を繰り返させられるのは、被告人を有罪にするのに都合のよい証言が得られないからです。繰り返し証言していると、次第に記憶内容が変わってしまう、つまり、記憶から思い出されたこと＝証言が信用できなくなるというのが、心理学的に正しい考え方です。

④やってもいない犯罪を、無実の人が自白するはずがない

再審などにより無実とされた事件でも、ほとんどの被告人が自白しています。死刑になるような事件でもそうです。実際、無実の人に自白させるのがとても容易であることは、心理学実験の結果も示しています。自白したのだから有罪と考えるのは正しくないのです。

⑤ＤＮＡや指紋の鑑定で、犯人かどうかが確実にわかる

どんな鑑定手法を使っても、犯人だという積極的な証明は不可能です。犯人でないことは証明でき、これら鑑定の本当の価値は、無実の場合に犯人ではないと除外してもらえる可能性が相対的に高いことなのです。犯人と特徴が一致した場合、犯人である可能性が残る、あるいは犯人であることが否定されないと言えるだけです。現実に、特徴が一致しても無罪になった事件があります。だから、他の証拠と総合的に考える必要があるのです。

裁判長による説明

裁判長の山下恵です。これより裁判手続を開始します。

【審理前の説明】

みなさんは裁判員に選ばれ、これからこの事件について、有罪・無罪の判断を私と一緒にしていただきます。審理を始める前に私のほうから一言述べておきます。刑事裁判では「疑わしきは罰せず」という原則に基づいて有罪・無罪の結論を出します。これは、「疑わしい」というだけでは処罰されないということです。先入観や偏見を捨てて、証人の証言など、この法廷に提出された証拠のみに基づいて、検察官が起訴した犯罪事実があるかどうかを判断してください。被告人が有罪であることについて合理的な疑いをさしはさむ余地がないことが、証拠によって明らかにされたときに限り、被告人を有罪とします。そうでない場合は無罪としなければなりません。

なお、審理が終わって、評議が始まるまでは、他の誰かと事件について話すことはできません。よろしいでしょうか。

【宣誓】

さて、これからいよいよ、みなさまといっしょに、香俱慎一郎さんに対する強盗殺人被告事件の裁判を行います。みなさまのお手元には、裁判員としての宣誓書が配られてありますので、お目を通して、納得いただければ、末尾に、日付を入れて、署名をしてください。実は、私の手元にも、裁判長としての宣誓書がありますので、みなさまが宣誓されるときにあわせて、私が最初に裁判官として宣誓いたします。

書記官の花田香織（はなだかおり）さんの指示で、宣誓をすることになります。

花田書記官　用意はよろしいですか。それでは裁判長からおひとりずつ起立して宣誓してください。宣誓が済みましたら、ご着席ください。最初に、裁判長、お願いします。

裁判長「私は、裁判官として、良心に従い、独立して職権を行い、日本国憲法および法律に基づき、誠実に職務を全うすることを誓います」

裁判員「私は、裁判員として、良心に従い、独立して職権を行い、日本国憲法および法律に基づき、誠実に職務を全うすることを誓います」

裁判長　それでは審理を始めます。

【審理】省略

【評議前の説明】

これで本件審理がすべて終わりました。裁判員のみなさんはこれから評議室で評議を行います。評議に先立って注意する点とこの事件の争点などについて説明します。

まず、私たちの任務は、法廷に現れた証言や証拠が信頼できるかどうかを判断して、起訴されている犯罪事実があったかどうかについて判断することです。この審理の冒頭でもお話ししましたが、刑事被告人には、無罪の推定があり、合理的な疑いを超えて有罪が立証されないかぎりこの推定が働きます。「合理的な疑い」とは、健全な常識を持った人であれば当然持つであろうと思われる疑いです。みなさんが常識と良心に基づいて、被告人を有罪にするのに合理的な疑いが一点も残らない、という場合でない限り、「疑わしきは被告人の利益に」ということで、無罪の結論を出さなければなりません。

本件では、被告人が被害者宅を強盗目的でバールでガラスを割って侵入し、被害者を○×の方法で殺害し、△▼を奪った、という容疑で起訴されています。被害者は現に他殺体で見つかり、△▼は奪われています。これに対し被告人は一切そのようなことはしていない、人違いであると言って無罪を主張しています。

【裁判長が争点と証拠関係について説明－略－】

検察側のいうとおりの方法で被告人が被害者を強盗目的で殺害し財物を奪った、ということが、この法廷に提出された証拠によって、何ら合理的な疑いもなく証明された、と判断するなら、有罪と判断してください。合理的な疑いが一点でもあれば、無罪と判断してください。なお、被告人はアリバイがあると主張していますが、仮にみなさんが被告人のアリバイは認められないと判断した場合でも、さらに、それ以外の証拠に基づいて被告人の有罪が立証されたかどうかについて判断する必要があります。この点は、特に注意してください。有罪・無罪は、被告人に対する同情や嫌悪、予断や感情によってではなく、証拠のみによって判断してください。

これからの評議では、みなさんは私と完全に対等な発言権がありますので自由に意見を述べてください。もしみなさんの意見が私と違うとしても、裁判官の意見がすべて正しいわけではありませんから、私の意見を鵜呑みにしたり、これに引きずられたりしないで、納得するまで十分に議論を尽しましょう。では、別室で評議を行いましょう。

【休廷の宣言】

これにて休廷します。評議が整いましたら、当事者のみなさんにご連絡いたします。

裁判員制度への旅立ち
——あとがきに代えて

最後まで、このブックレットをお読みくださいましてありがとうございます。これで、みなさんも、裁判員制度へ旅立つことになりました。その門付けに代えて、裁判員制度に寄せる、私たちの心意気を述べておきます。

いま、裁判が大きく変わろうとしています。あのいかめしい裁判所も「変わらなくっちゃ」と言っています。しかも、どんどん国民の注文もききますというのです。市民の立場からすれば、いろいろ注文したいことがありますが、なんと言っても、一押しにしたいのが「国民の司法参加」です。そう、皆さんが裁判に参加するのです。すごいですね。

皆さんの中にもまだ、そんな面倒なことを引き受けたくない、という「拒絶反応」の虫がうごめいているかもしれません。いまのままの状態では、ちょっぴり新しいことが付け加わっても、だれだって、さぼりたくなりますね。裁判所の偉い人たちの中には、「国民に負担をかけたくない」とか、「国民には余裕がない」とか、いろいろ言って、いまのままの状態で行くしかないという意見がかなりあります。そこで、「市民が参加しやすい制度をつくれ」という注文をどしどし出す必要があります。

ところで、「国民の司法参加」はすでに経験済みのことです。実は、1943年まで日本でも陪審裁判がありました。律令時代から数えて1500年足らずの歴史の中で、たった15年だけでしたが、立派に国民が刑事裁判に参加していました。

その痕跡は意外なところに残されています。現在、「法の日」とされている10月１日は、陪審法施行の日を記念したものでした。また、裁判所法という法律には、刑事において陪審裁判が行われることを想定した条文が残されています。というのも、大正デモクラシーとともに生み出された陪審法は、戦争の激化にともなって、廃止されたのではなく、休眠させられたからです。戦前は、天皇が政治の中心にあって、裁判も天皇の名において行われていましたが、そんな時代でも、数多くの人々がねばり強く陪審裁判をつくりあげました。半世紀を超えて寝かされている「国民の司法参加」という宝を、いま、市民の手に取り戻す絶好のチャンスが来たのです。

そもそも裁判は国民のものでなければなりません。とくに刑事裁判は、犯罪という深刻な事件にけじめをつける大事な仕組みです。また市民は、刑事裁判にかかわることで、事実を発見する難しさを学ぶとともに、人が人を裁くという厳しさを知ることもあるでしょう。人間関係のもつれ・ほつれに丁寧に向き合うことによって、この社会が人間を粗末に扱っていないかどうか、悩むこともあるでしょう。そういう経験が市民の感覚を豊かにして、裁判を血の通ったものにすることができます。

ここには、「大きな夢」がかかっています。1963年、アメリカの首都に集まった21万人を前にして、被差別者のために非暴力で公民権を回復する運動に参加したマーチン・ルーサー・キング牧師は、差別の歴史に触れた上で、高らかに「I Have a Dream!（私には夢がある）」と呼びかけました。

このブックレットは、キング牧師の「夢」に負けないくらい「大きな夢」を実現するために、一億人を越える心ある市民に呼びかけようと願う市民の手によってつくられました。

「私には、夢がある。いつの日か、裁判員の席から、自由の鐘が鳴り響くのを聞くことを！　日本中の裁判所で自由の鐘が鳴りわたることを！」

ここで、このブックレットをいっしょに制作した「市民の裁判員制度つくろう会」を紹介させてください。この会は、2002年6月12日に結成され、その後、シンポジウム（6月12日）、市民による民間公聴会（8月31日）、大学祭への参加（11月4日、青山学院大学と平成国際大学）、連続セミナー（11月30日、2003年1月18日、2月15日、3月15日）、国会議員との意見交換会（2002年12月3日）、「500人の裁判員」大イベント（2003年2月1日）と、よりよい裁判員制度をつくるために、意欲的にさまざまな企画を実行し、計画しています。また、市民の裁判員制度つくろう会として一致した要求事項をもって、数度にわたり、司法制度改革推進本部に要請活動を行ってきました。さらに、全国8カ所で開かれた弁護士会の主催する「民間公聴会」にも進んで参加してきました。また、大阪「陪審を復活する会」や「新潟陪審友の会」、「当番弁護士制度を支援する市民の会・東京」などと交流を温め、「裁判員制度・刑事検討会」のメンバーやこの問題に関心を持っておられる団体の役員の方々とも意見交換を行ってきました。

ブックレットをつくったのは、このような企画を中心となって推進したり、その過程でお会いしたりした人たちです。原稿を書いたり、異色の写真ルポの撮影に参加したり、対談をしたり——などなど、有形無形の支援と励ましがなければ、こんなに早く、市民の裁判員制度に寄せる熱い思いと鋭い提案をこめて、人間に優しいブックレットがつくられることはなかったでしょう。ありがとうございます。また、現代人文社の成澤壽信さんには、企画から造本までお世話になりました。

できるだけ多くの方に読んでもらい、考えてもらい、参加してもらいたいという、「市民の裁判員制度つくろう会」一同の願いが、あなたにも届きますように。

2003年1月
編集を担当して
新倉　修

制作協力：
池上正樹　伊藤和子　入江希保　上内康代　浦野幸則　大川仁　片山徒有　上口達夫　亀井真紀　川村由美子　客野美喜子　櫛毛冨久美　黒沢香　佐藤義士　沢田美佐子　敷田みほ　篠原智　清水弘幸　杉本直紹　諏訪部史人　田岡直博　高野孟　滝田清暉　竹下景子　長崎満　新倉ゼミ学生31人衆（青山学院大学法学部）　濱田広道　福来寛　藤本珠美　松本肇　村田麻里　毛利甚八　森野俊彦（五十音順）

撮影協力：
荒木伸怡　伊藤塾　吉岡初子　市民の裁判員制度つくろう会連続セミナー参加者の皆さん

「市民の裁判員制度つくろう会」のご案内とお願い

ご案内

「市民の裁判員制度つくろう会」は「裁判員制度」を市民の参加しやすい、市民の良識が生かされる制度にしようということで、2002年6月に結成された市民ネットワークです。

一致点は、

1. **立法過程に市民の声を**
2. **裁判員の数は少なくとも裁判官の3倍に**
3. **直接主義・口頭主義の徹底**
4. **市民にわかりやすい言葉で、の4つ。**

会員は団体・個人を問いません。活動しているのはボランティアの市民です。

現在「裁判員制度」の立法化を進めている内閣の「司法制度改革推進本部」やそのなかにある「裁判員制度・刑事検討会」への要請やHP、メルマガ、出版、セミナー、イベントなどさまざまな活動をしています。2月1日には全員参加型の模擬裁判のイベントを行ないました。

あなたも入会して、一緒に裁判員制度をつくっていきませんか？

会費

【個人会員】 年間一口 *1000*円

【団体会員】 年間一口 *5000*円

〒100-8693
東京中央郵便局私書箱1049号
「市民の裁判員制度つくろう会」
ホームページ
http://www.saiban.org
ファックス
03-5273-7696
電話によるお問い合わせ
滝田清暉 tel 03-5273-7695

市民の裁判員制度つくろう会

代表世話人 ◎佐野洋（作家）
◎毛利甚八（「家栽の人」原作者）
◎片山徒有（交通事故遺族・あひる一会代表）
事務局長 ◎新倉修（青山学院大学教授）

お願い

現在、内閣の司法制度改革推進本部「裁判員制度・刑事検討会」で、裁判員制度の議論が進んでいます。でも一部の学識経験者や官僚だけに市民参加の制度を任せていて果たして大丈夫でしょうか？現実に「裁判員の数は少なく」などという意見が検討会で有力に主張されています。

せっかく市民が司法に参加するチャンスです。立法過程から、市民がたくさんの意見を寄せて、市民の声を制度に反映させていきませんか。

あなたの声を推進本部にどんどん寄せてください。

意見の宛先

司法制度改革推進本部事務局

〒100-0014　東京都千代田区永田町1－11－39　永田町合同庁舎3階
TEL.03-5501-2511（代表）
http://www.kantei.go.jp/jp/singi/sihou/index.html

GENJINブックレット36

裁判員制度がやってくる

あなたが有罪、無罪を決める

2003年2月1日　第1版第1刷発行

編者
新倉　修

発行人
成澤壽信

発行所
株式会社現代人文社
〒160-0016　東京都新宿区信濃町20佐藤ビル201

振替
0013-3-52366

電話
03-5379-0307

FAX
03-5379-5388

E-mail
daihyo@genjin.jp
hanbai@genjin.jp

Web
http://www.genjin.jp

発売所
株式会社大学図書

印刷所
株式会社ミツワ

装幀
西澤幸恵（Push-up）

検印省略　PRINTED IN JAPAN
ISBN4-87798-149-7 C3032